《改變世界的典範人物

教育部長吳清基：歐巴馬可作爲台灣新生代了解自己、設定人生目標、勇敢面對挑戰的楷模。

台中市長胡志強：希望小朋友學習歐巴馬奮發向上的精神，珍惜現在擁有的生活，樂於助人。

台大電子工程研究所所長呂學士：比爾蓋茲的成長故事可以給我們極大啓發與激勵。希望今日你因比爾蓋茲的激勵，明日成爲台灣比爾蓋茲。

國立科博館館長張天傑：以深入淺出的漫畫介紹達爾文的成長和他的《物種起源》，對年輕讀者極具啓發性及知識性。

國科會主任委員李羅權：達爾文跟大多數孩子一樣，成績普通，卻不放棄興趣和理想。孩子需要這樣的典範激勵！

國立台師大生命科學系教授吳忠信：2009年正逢達爾文誕生200週年。《達爾文的成長故事》讓孩子體會他成功背後的努力不懈，對慶祝達爾文誕生200週年非常有意義。

淡大美洲研究所所長陳小雀：一顆堅毅的心，教她矢勤矢勇；一顆細膩的心，教她人飢己飢；信心與愛心讓希拉蕊．柯林頓站上世界舞台。

政大國際關係研究中心第一所主任鄭端耀：寓教於樂，是親子共讀的好書。透過林肯的故事，讓孩子知道在逆境中仍可實踐理想、心懷感恩。

輔大歷史系暨研究所教授張四德：希望小朋友學習林肯，敞開心懷，努力學習，提升自己的見識。

台大天文物理研究所教授孫維新：人的形體雖然渺小，侷限於地球一隅，但人的精神卻無遠弗屆，可以思考萬事萬物的起源，有空不妨乘著霍金的翅膀，遨遊於宇宙天地之間！

北市天文科學教育館館長邱國光：好奇心使霍金獲得知識寶藏，求知慾克服身體障礙的不便，生命力締造天文物理的成就。

作家及節目主持人吳淡如：歐普拉是成功的女企業家。她很有才華，影響社會，也回饋社會。與惡劣的環境搏鬥，在不可能中創造可能，是最激勵人心的故事。

台北市立圖書館館長洪世昌：她是成功的脫口秀主持人，幽默、機智又言之有物。言之有物奠基於她透過廣泛閱讀所累積的知識。希望小朋友閱讀本書時，除了看到歐普拉的成功，也不要忘記她背後努力的基礎，從小培養閱讀的習慣。

國家圖書館出版品預行編目資料

征服全世界的脫口秀女王：歐普拉．溫芙瑞的成長故事 / 青飛工作室作繪；丁士琦翻譯. -- 初版. -- 臺北市：美林傳播科技, 2010. 04
面； 公分

ISBN 978-986-6554-19-3(平裝)

1. 溫芙瑞(Winfrey, Oprah) 2. 傳記 3. 漫畫

785.28　　99005262

青林

歐普拉．溫芙瑞的成長故事

征服全世界的脫口秀女王

作繪◎青飛工作室
翻譯◎丁士琦

發 行 人：林訓民
總 編 輯：林朱綺
執行編輯：吳寶娟

出版發行：美林傳播科技股份有限公司
地　　址：台北市內湖路一段314號7樓之1
網　　址：www.012book.com.tw
電　　話：(02) 8797-2777
傳　　真：(02) 8797-2700
劃撥帳號：50039379

排版印刷：加斌有限公司
出版日期：2010年4月初版
I S B N：978-986-6554-19-3
定　價：330元

年度	17	16	15	14	13	12	11	10

刷次 15 14 13 12 11 10 9 8 7 6 5 4 3 2 1

歐普拉．溫芙瑞的成長故事

征服全世界的脫口秀女王

作繪◎青飛工作室
翻譯◎丁士琦

青林出版/美林科技
www.012book.com.tw

目錄

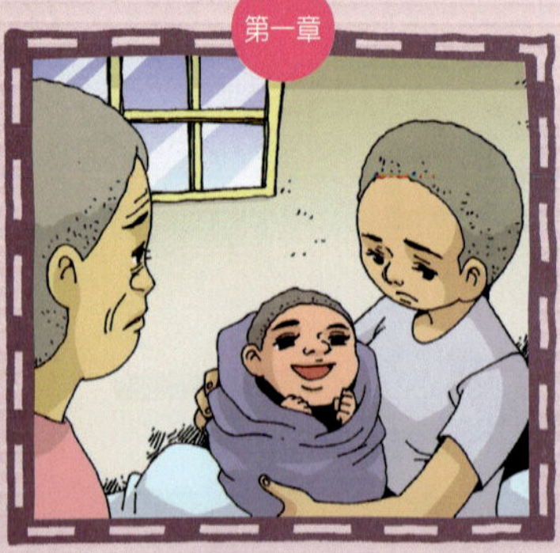

科休斯科鎮的私生女
5

會見父母親
31

陷入絕望困境
55

在父親幫助下跨越苦難
79

廣播界初試啼聲
97

再度陷入挫折泥沼
119

歐普拉·溫芙瑞名揚四海
147

挑戰未來　永不停止
173

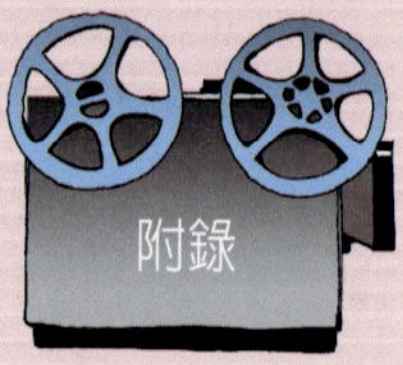

188

歐普拉·溫芙瑞

歐普拉·溫芙瑞是美國排名第一、最受歡迎的脫口秀主持人，在許多不同的領域，例如當演員、媒體女強人或雜誌發行人，她也獲得極大成就。歐普拉主持的節目「歐普拉·溫芙瑞的脫口秀」大受歡迎，全球有144個國家播放這個談話性節目。不論在美國或全世界，歐普拉都是超級巨星。不過，擁有今日光鮮亮麗形象的歐普拉，童年生活卻無比黑暗，充滿絕望。儘管如此，歐普拉仍然努力克服艱困和不幸的遭遇，獲得許多令人讚嘆的成就。

1954年，歐普拉·溫芙瑞誕生於密西西比州的一個小鎮。她一出生，就被親生父親遺棄。不久之後，歐普拉也和母親分開，由外婆撫養。歐普拉喜歡看書，但是外婆家附近沒有年齡相仿的朋友，所以她把自己在書裡看到的故事和農場動物分享，藉此排遣心中的孤獨。快7歲時，歐普拉到密爾瓦基與母親重聚。然而，貧困的生活和辛苦的勞力工作，榨乾了歐普拉母親的精力和熱情，讓她根本沒有餘力照顧女兒。後來，歐普拉在父親家和母親家穿梭往返，不穩定的生活，讓她開始一步步陷入絕望之中。最後，歐普拉母親放棄女兒的監護權，把她交給父親照顧。雖然，歐普拉的父親重視嚴謹的生活規律，但他也對一路辛苦走來的女兒付出愛與溫暖。在父親的關懷下，歐普拉內心的創傷開始一點一點、慢慢的痊癒。同時，歐普拉閱讀了許多與她身世相似，都是非婚生子女的女作家所寫的著作，讓自己從中恢復信心和希望，重新夢想美好的將來。

走過絕望、重獲自信之後，歐普拉為了更美好的人生而努力奮鬥。16歲時，歐普拉贏得某次選美冠軍之後，她得到一個機會，在廣播界初試啼聲，踏出了第一步。然而，新聞主播以及播報新聞的工作本質，與歐普拉真誠、情感豐富的天性格格不入。直到主持談話性質的脫口秀節目，歐普拉才找對真正的舞台，開始嶄露頭角。

脫口秀節目，讓歐普拉一炮而紅，獲得極大的成功。她開始主動關懷那些生活貧困和弱勢階層的人們，歐普拉想做更多事，幫助更多人。她開始為南非兒童和青少年發聲，讓全世界的人知道他們面臨的困境，歐普拉也展開了各項慈善工作。今天，因為歐普拉的愛心，許多人稱她是名副其實的「媒體女王」。直到現在，歐普拉仍一步步計畫實現自己的種種夢想。誠如她所說：「我下定決心向前衝，直到最後的結果出現。我相信，我會看見自己努力的成果。」

今天，媒體的影響力遍及全球，這件事已經無庸置疑。在美國則有一位知名人士，能夠透過大衆媒體擁有呼風喚雨的魔力。
現場的每一位觀眾，都打扮得這麼美麗清爽！事實上，我好像還能聞到各位早上剛沐浴完的清新氣息呢！
哈、哈、哈、哈！
這位名人主持與自己同名的脫口秀節目，至今已超過20年。她不但因此大受歡迎，她所主持的脫口秀更在同類型談話性節目中排名第一，不僅在美國吸引了四千四百多萬名觀衆，也在全球144個國家的電視頻道播出。
爲了來看我的節目，各位都早早起床、梳洗打扮，來到現場。我眞的很敬佩大家所做的一切。
我本人可沒像各位這麼勤奮。我從來不鋪床。既然晚上還要鑽回被窩，起床以後爲什麼要整理呢？
哈、哈、哈、哈！

她是成功的女企業家，躋身於全球富豪之列，並且成為世界首屈一指的慈善家。
不過，最近我打算到遠方旅行，這下子，我可要鋪床了。
她也是哈潑娛樂集團總裁和執行長，不論在電視、電影、雜誌或網路行銷，也獲得極大成功。
我已經決定在南非共和國成立一所女子學校。
哇！
這個人不是別人，她就是歐普拉·溫芙瑞。
爲非洲貧童提供教育機會，是我長久以來的夢想。
嘩！

這是我的希望，但願非洲的希望能從這裡開始，向四方蔓延。
小時候，我的外婆和父親非常重視教育，他們時時刻刻提醒我教育有多麼重要。
在生命困頓、幾乎讓我崩潰倒地的時刻，我不斷反覆唸著像咒語一樣、充滿魔力的那句話，讓自己得到力量。
我的未來是一片璀璨光明！
我深深希望非洲的黑人女孩，也擁有這份自信和毅力面對將來。
外婆、爸爸，就像你們當年在我心中播下信心和勇氣的種子，我現在也是這麼做。

第一章

科休斯科鎮的私生女

1954年1月29日，歐普拉·溫芙瑞誕生於密西西比州的一個小鎮——科休斯科。
哇、哇、哇！
喔，維尼塔，你生了一個小美人呢。
你很棒，她是個健康寶寶。
你們打算幫她取什麼名字？
用聖經《路得記》裡的人名「奧帕」，怎麼樣？
好呀，艾達阿姨。

你聽見了吧？
我們決定取名爲
「奥帕」。拼法是
O－R－P——
沒問題。
但是接生婆筆誤，將
「奥帕」(Orpah)寫成
「歐普拉」(Oprah)。
O－P－
R——
請給我筆和紙。我想
寫信給一個人。
阿拉巴馬軍事基地洛克堡。
維儂！
你的信。
誰寫來的？
女朋友喔？
誰說我有
女朋友？

!!
我是維尼塔·李，你還記得我嗎？一年前你休假的時候，我們曾經短暫相遇。
我寫這封信是想告訴你，我們的寶寶出生了。
什麼！生了一個小孩?!
歐普拉的母親維尼塔·李家境清寒，她必須養育小孩，所以寫信向孩子的親生父親維儂·溫芙瑞求援。
!!
維儂，你當爸爸了！
希望你能寄些嬰兒衣物和日常用品給我。

胡說八道！
誰說你可以生小孩？誰能證明這個孩子是我的？
我還年輕！誰能毀了我的將來？
我不管！她養不養小孩，都不關我的事！
年紀輕輕就要扛起當爸爸的責任，把維儂嚇壞了。他把信丟了，也沒有提供任何資助撫養歐普拉。

啐！孩子的爹
大概撒手不管。
歐普拉眞可
憐！一出生
就沒爸爸。
老天！這個私
生女，可能連
爸爸是誰都搞
不清楚呢。
獨自撫養父不詳的私生
女，維尼塔根本無法承受
小鎮居民的閒言閒語。
太離譜了！一個18歲
的女孩，養一個沒爸
爸的小孩。

我的寶寶……
3年後……
我在這裡待不下去了。
丟下一個這麼小的孩子，你能去哪裡？
有人告訴我，如果我去大城市，就能賺到很多錢。媽，在我變有錢之前，拜託您幫我照顧歐普拉。
最後，媽媽將歐普拉交給外婆，自己搬到城裡去。
歐普拉，對不起。媽媽保證，以後一定會回來接你。

沒心肝！
媽媽。
歐普拉，
你在哪裡？
外婆，我在這
裡，我在外面
掃廁所。
沒水了，
孩子，去提些
水回來吧。
好的，
外婆。

我要快一點，早點回家還可以看書。
啊！
我要你去提水，都過這麼久了，你還在這裡偷懶！
對不起。我的腳受傷，不能走路了。
腳受傷了？我看看！

這點小傷沒關係啦，你應該還能走路。你先去提水，再去餵豬和羊。做完以後，你就可以休息了。
好。
啊？綁水桶的繩子斷了？
喔，糟糕，這是我們唯一的水桶，怎麼辦？
嗯——
啊，有了！試試這個。
我們可以剪一些鐵絲，纏在繩子斷掉的兩端，再把它們綁起來就行了。
!!

外婆，你看！現在水桶綁得很牢了。
眞的耶，做得不錯！
好，我去提水囉。
她的年紀這麼小，怎麼會想到這麼棒的點子呢？
歐普拉跟外婆學會看書之後，隨時都帶著一本書。只要一有時間她就看書，即使在工作中也不例外。
樵夫說，「我饒你一命，你快點逃跑吧。」但是，這隻鹿……

在外婆家附近，沒有與歐普拉年齡相仿的小朋友。
去提水的時候，我摔一跤，腳受傷了。
為了紓解自己的孤單，歐普拉把她照料的豬和羊當成朋友，跟牠們說話，還唸故事給牠們聽。
如果我有多餘的鞋子穿，就不會受傷了。
你問我爲什麼不穿鞋子？你開我玩笑嗎？
咩——
星期天去教堂的時候，才能穿鞋子。如果平常也穿，把鞋穿壞了怎麼辦？
我受傷的時候，好想看到媽媽喔。
咩——
你也覺得孤單嗎？

不要擔心，這裡有
我。我會常講有趣
的故事逗你開心。
眞是勤快的孩
子。你的腳傷
會不會很痛？
外婆幫我按摩以
後，就一點也不
痛了。嘻嘻！
眞的嗎？
外婆，說故事
給我聽嘛。
每天聽一樣的
故事，你不嫌
煩嗎？

外婆說的故事，是全世界最好聽的故事。
好吧，如果你那麼想聽，我就再講一遍。
耶！
雖然，歐普拉的外婆沒有受過高深的教育，但是她認為教育很重要。所以她教歐普拉讀書寫字，並且要她每天背誦聖經。
從前，在古老的以色列王國，有一位賢明的所羅門王。
除了講故事給歐普拉聽，外婆也鼓勵歐普拉發揮想像力。
有一天，兩位婦女帶著一個嬰兒來到國王面前。她們在爭執，都說自己才是嬰兒的眞正母親。
後來，歐普拉很感激外婆的教育方法。她說：「外婆就是我的老師。」
怎麼會發生這種事呢？
因爲她們其中一個人說謊。

經過短暫的思考，
所羅門王決定將嬰兒劈
成兩半，讓這兩個女人
各分一半。
然後呢？
冒充媽媽的那個女人毫
不遲疑，馬上接受這個建
議。眞正的母親則願意自動
棄權，並懇求所羅門王
饒嬰兒一命。
聽完兩個女人的說
詞，所羅門王判定主
動放棄的女人，才是嬰
兒眞正的母親。
因爲眞正的媽媽，不
會讓自己的小孩像那
樣死掉。
你知道這個故事
的含意。

但是……
那個媽媽盡全力救她的小孩，我的媽媽爲什麼卻拋棄我？
歐、歐普拉！
你媽媽不是拋棄你。等她安頓好了，她一定會來接你。
可憐的孩子。

昨天我聽到一個好感人的故事，故事裡的媽媽好愛她的孩子。所以，我就哭得好慘。
那時候，我好希望也有一個像那樣的媽媽。不過，現在我覺得好多了。
咩——
今天，我要講大衛和巨人歌利亞的故事。
很久以前，以色列人和腓利斯人交戰，兩方人馬聚集，隔著山谷對峙……

儘管不能眞正明白，她卻能自己閱讀聖經和背誦裡面的章節。歐普拉眞聰明。
我該如何啓發和培養她的天分呢？
啊！
外婆！
上教堂的時間到了，我們準備一下吧。
外婆家沒有自來水，所以每個星期日上教堂那一天，她們才能洗澡。平常打赤腳的歐普拉，也只有在星期日才能穿鞋。

歡迎！
牧師，我可以跟您說句話嗎？
可以讓歐普拉在大家面前背誦聖經嗎？
3歲小孩能背聖經？
是的，歐普拉每天都會背誦聖經。
我很驚訝！
接下來，我們有一位非常特別的來賓。
爲了榮耀復活節，小歐普拉·溫芙瑞小姐將爲我們背誦聖經。

什麼？一個剛會走路的小孩會背聖經？
我覺得，他們只是讓她玩玩。
天使對婦人說，「不要害怕，我知道你們是尋找那被釘在十字架上的耶穌。」
嘩！
「祂不在這裡，照祂所說的，已經復活了。」
年僅3歲的歐普拉開始背誦聖經，讓做禮拜的教友們大為驚奇。
她背誦「馬太福音」第28章的每一句話，沒有一點錯誤！

不可思議！
這個孩子很有
天分！
現在我能夠代替
她父母教育她，
但我擔心還能這
樣撐多久。
歐普拉背誦聖經的能力與日俱增。幾年後，她可以完整背出詹姆士．維登．強生的佈道文：「七首黑人佈道詩：從創世紀到末世審判」
不僅如此，歐普拉還能背誦一首非常鼓舞人心的詩篇 「打不倒的勇者」，朗誦時再加上手勢和動作，讓大家讚嘆不已。
我從來沒看過這麼會朗誦的小孩！
哼！
然而，歐普拉去幼稚園以後，卻成為同學取笑捉弄的對象。
老師，請您好好關照歐普拉。
您放心，我們會好好照顧她。

喂，耶穌小姐，你眞的會閱讀嗎？
她在教堂裡假裝是萬事通，當然也假裝會看書啊！
就算她什麼都會，但是一個黑人女孩，會有什麼用？
你說的沒錯，嘻嘻！
……
爲什麼你用曬衣夾去夾鼻子？
我想讓鼻子變高變挺，像白人一樣。
不管你再怎麼夾鼻子，也沒辦法變成白人。你認命吧，接受自己的長相吧。

不要惹麻煩，要聽老師的話！
我知道。
現在，請大家把字母抄在筆記本上。
Aa
是，老師！
這些我都會了——
已經會讀會寫的歐普拉，覺得課程無聊又沉悶。她不想繼續待在教室裡，所以寫了一封信給老師。
老師，這是我寫給你的信。
新老師，我覺得在你的班上不好玩！
不會吧！

你上課教的東西我都會了。所以，我不想待在這裡。
真厲害，這個6歲小孩的英文文法這麼好！
這麼看來，歐普拉不必讀幼稚園，可以直接上小學一年級。
外婆！
我不用上幼稚園了。老師讓我跳一級上小學！
外……外婆！
太好了，孩子。

你生病了嗎？爲什麼你一點力氣都沒有？
我病了，不能再照顧你。你去密爾瓦基找你媽媽，好嗎？
不要！我要和你住在這裡。
我會煮飯洗衣服。外婆，拜託你，讓我留在你身邊，好不好？
歐……歐普拉。
在歐普拉開始要上小學的時候，外婆年紀大了，沒辦法繼續照顧她。於是，歐普拉被送去密爾瓦基找她媽媽。
你去媽媽那裡以後，你的生活會過得比在這裡好很多。
嗚，外婆！
我對你很嚴格，對不起。孩子，你要好好生活、健健康康。

歐普拉的成功秘訣 1

廣泛閱讀

歐普拉從小喜愛閱讀。不論在密西西比州的外婆家，或在密爾瓦基的母親家，書是歐普拉唯一的朋友。與父親同住後，歐普拉成為圖書館會員。無論什麼時候，只要想看書，歐普拉就會去圖書館。

當她只有十幾歲的時候，就曾經歷懷孕生子這種讓人震驚的遭遇。即使遇到如此難以想像的苦難，歐普拉仍然像其他學生一樣，懷抱著夢想和志向，繼續回學校上課。這完全要歸功於書本。在閱讀那些面臨困境的婦女，例如海倫．凱勒或安妮．法蘭克等人的書時，她們克服人生難題的故事，讓歐普拉得到激勵，開始重建自信與思考未來的夢想。對她來說，書本成了生命中不可或缺的一部分。

成為一位成功的主持人之後，歐普拉想要和觀眾分享書中的見解與智慧。為此，她在節目中另闢新單元 — 「歐普拉讀書會」，每個月介紹一本書。歐普拉在節目中介紹過的書，都會立刻瘋狂大賣，成為暢銷書。觀眾對歐普拉介紹的書，也產生極大的興趣和喜愛，許多人紛紛開始成立自己的讀書會。閱讀書籍，讓歐普拉了解自己真正的潛能。她也相信，就是因為閱讀，才能讓自己成為一位有天分的節目主持人。歐普拉衷心希望，人們也能夠透過閱讀書籍，尋求、發現未來的夢想與希望。

「對我而言，閱讀好比具有十年的療癒效果。
透過書本，我對自己的了解更多。」
——歐普拉．溫芙瑞

第二章

會見父母親

我好想知道，
我媽媽是什麼
樣的人喔。
我相信她一定
是好人。
喔！
你是歐普拉嗎？
真巧。
是——是的，
那你是？

我是你媽。
跟我來。
啊？媽媽？
爲什麼她這麼冷淡？她不高興見到我嗎？
還站在那裡做什麼？快點跟著我！
我、我來了。
到家了，進來吧！

唉，又喝酒了？
你不在家的時候，我只喝一杯而已。
打個招呼吧，這是我的朋友。
你好嗎？
你是歐普拉？你要好好和我們的女兒派翠西亞玩。
我會給你一張帆布摺疊床，你就睡這裡。
你要我睡在大門口啊？
不然你要睡哪裡？沒有多的空房間了。不要嫌東嫌西，我沒心情聽你抱怨。
是、是的，媽媽。

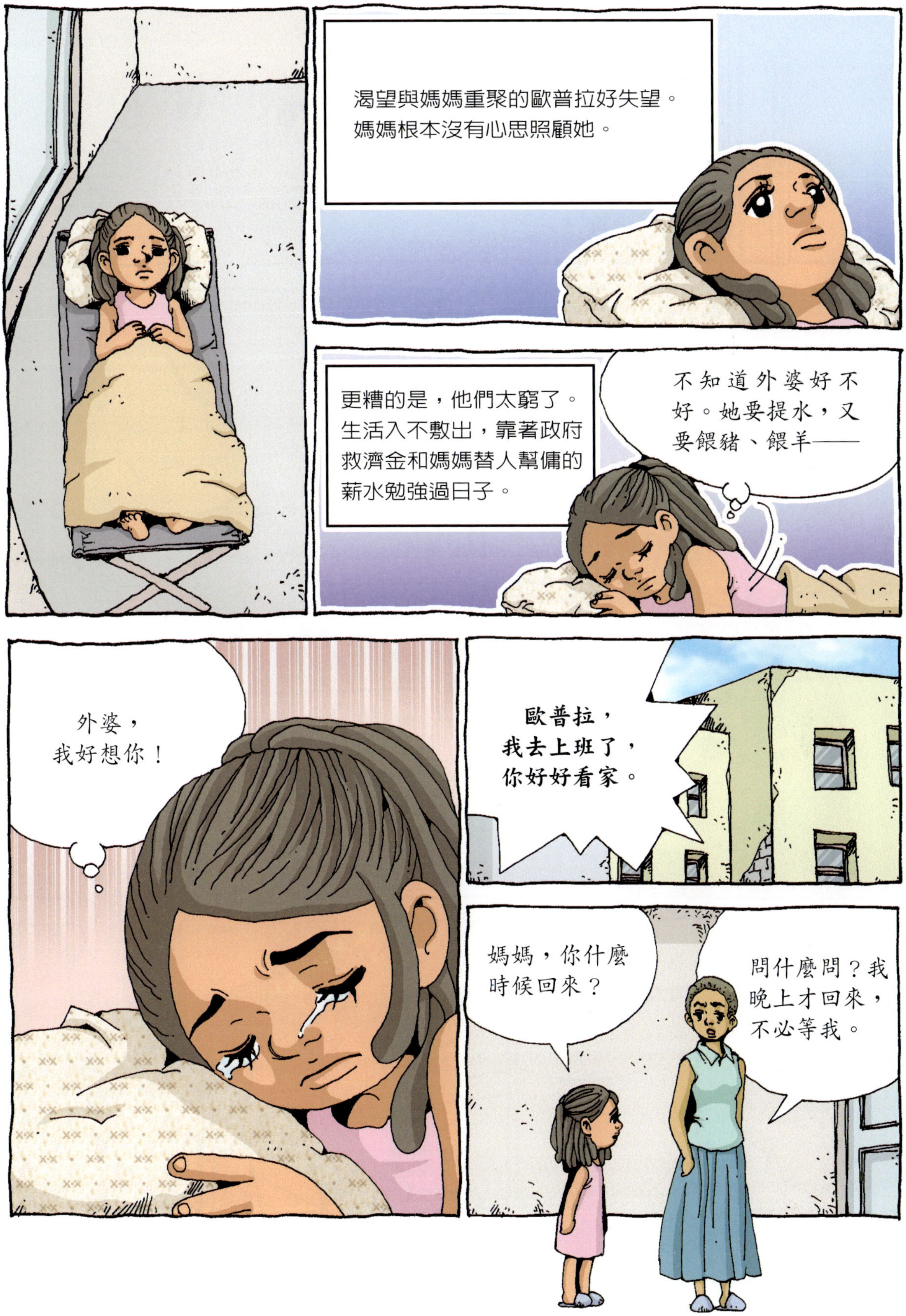
渴望與媽媽重聚的歐普拉好失望。
媽媽根本沒有心思照顧她。
更糟的是，他們太窮了。生活入不敷出，靠著政府救濟金和媽媽替人幫傭的薪水勉強過日子。
不知道外婆好不好。她要提水，又要餵豬、餵羊——
外婆，我好想你！
歐普拉，我去上班了，你好好看家。
媽媽，你什麼時候回來？
問什麼問？我晚上才回來，不必等我。

等媽媽回來的
時候，我可以
看看書。
我好想跟人分
享書裡的故事
喔！可是，我
沒有朋友。
在這裡，比在
外婆家更寂
寞、更無聊。
啊，蟑螂！

嘻嘻，捉到了。
孤單無依的歐普拉，為了排解心中的寂寞，她抓蟑螂並且把牠們當成寵物。
嗨，歡迎各位夥伴。我是歐普拉·溫芙瑞。
喔，你們也要有名字才對。
你叫米蘭達，你是珊蒂，怎麼樣？名字不錯吧？
我要跟你們講一個很有趣的故事喔。這個故事是我從書上看到的……

媽媽！
工作一整天，
累死我了！
一個人在家很無聊吧？
我會快點幫你找學校，
你再忍耐一下。
歐普拉的媽媽整天工作，
沒有多餘的精神和體力照
顧歐普拉。
唉！我好餓，
一整天都沒有
東西吃……
Zzzzz —
zzzzz！

儘管環境如此惡劣，歐普拉仍然牢記外婆的愛和教誨，不灰心喪志。
歐普拉，你是一個優秀的好學生。
閱讀和說話這兩項，你得到最高分。
眞的嗎？
繼續努力，你會有更好的收穫。
媽媽，閱讀和說話這兩項，我是班上第一名喔。就連老師都很稱讚我。
走開，我很累。

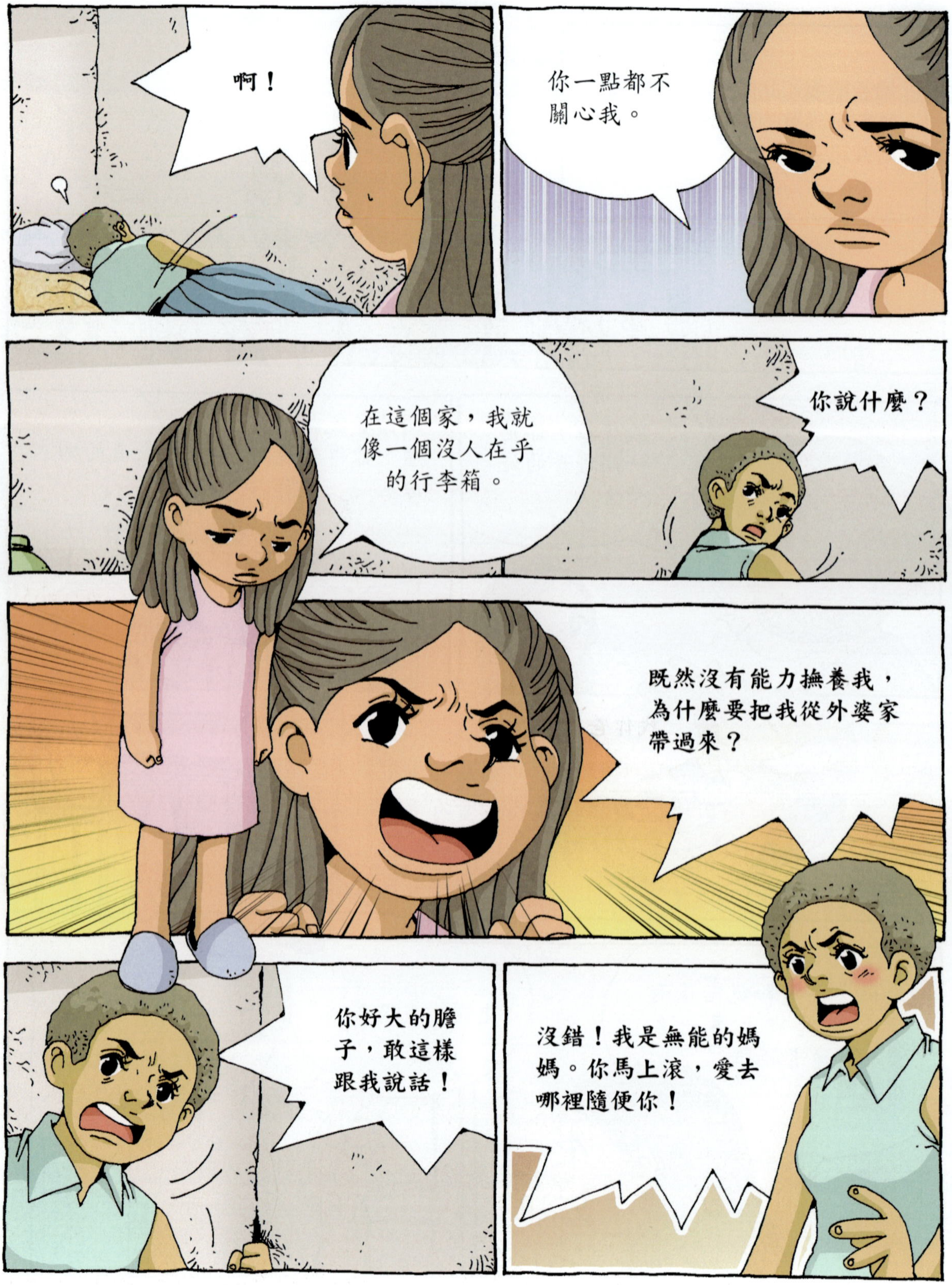
啊！
你一點都不關心我。
在這個家，我就像一個沒人在乎的行李箱。
你說什麼？
既然沒有能力撫養我，為什麼要把我從外婆家帶過來？
你好大的膽子，敢這樣跟我說話！
沒錯！我是無能的媽媽。你馬上滾，愛去哪裡隨便你！

我是東西嗎？我是你高興
就帶回來，不高興就丟掉
的東西嗎？
你這小鬼！
啪
!!
我不要你，去
找你爸爸！
嗚！
經濟窘迫的母親，最後將歐普
拉送去給她父親，住在田納西
州納許維爾的維儂．溫芙瑞。

他們說，爸爸一
點都不在乎我。
我好擔心喔！
如果他也不肯
接受我呢？我
該去哪裡？
田納西州，納許維爾。
歐普拉
溫芙瑞
請問，你在找從
密爾瓦基來的歐
普拉嗎？
沒錯！
你是歐普拉？
是的。

你找對人了，
我是你爸爸。
你眞的是我
爸爸？
是啊！
那時候，我年輕不懂
事，竟然拋棄你。我不
會再犯同樣的錯了。
我們趕快回家。你
的繼母準備了香噴
噴的晚餐，她急著
想見你呢。
歐普拉的父親，維儂．溫芙瑞，
住在田納西州東納許維爾，他的
家小巧溫馨。

親愛的，歐普拉回來了。
你就是歐普拉？你長得跟爸爸很像，而且你很漂亮喔。
歐普拉的爸爸個性真誠坦率。他不只在一所大學當守衛，也是納許維爾醫院的洗碗工。
我們進屋吧。
歐普拉的爸爸已經結婚，建立家庭。但是他們沒有孩子，所以兩人滿心歡喜的接納了歐普拉。
這是你的房間。
這真的是屬於我一個人的房間？
沒錯，如果你需要什麼東西，隨時告訴我們。

晚餐好了，吃飯囉。
你喜歡這些菜嗎？
喜歡。
這些食物好吃的讓我想哭。我不記得上次吃到熱騰騰的食物，是在什麼時候了。
怎麼了？你不舒服嗎？
不是，太突然了。我想起外婆，她對我也這麼好。
歐普拉。

歐普拉的父親盡全力教育女兒。
我幫你買了整套世界文學名著，你想看看嗎？
哇！
上一本書的讀書心得報告，你寫好了嗎？
爸爸，我當然寫好了，在這裡。
你的閱讀和寫作能力很強。
可是，每一個科目都要好。現在，我們來背九九乘法表。
好。
2 × 1=2
2 × 2=4
2 × 1=2
2 × 2=4
別只顧著讀書，來吃水果吧。

他們兩人都對
我這麼好。
我好希望永遠都
能這麼幸福。
歐普拉在納許維爾健康成長，享受她從未擁有的快樂生活。然而，天不從人願，她的幸福又將幻滅。
我來帶歐普拉
回去。
!!
你另外有兩個孩
子，爲什麼還堅
持要歐普拉？
不關你的事！我現
在的公寓有兩個房
間，歐普拉回來跟
我住沒問題。
你不要這樣。讓我
撫養歐普拉，我有
信心可以做得比任
何人都好。
我怎麼能相
信你？

從歐普拉出生開始，
你就根本不要她！
你、你怎麼可
以這麼說？
你也把歐普拉丟
在鄉下，自己跑
去城裡！
停！拜託你
們，不要再
吵了。
嗚！嗚！
歐普拉！

忘掉和你爸爸相處的日子。我告訴過你，他根本不要你。
但是，爸爸對我很好。
他只是想騙騙你。等著瞧，他一定不會來找你。
歐普拉，從現在開始，你跟我住！
等我結了婚，生活也穩定以後，我們就會變成快樂的家庭了。
……
然而，媽媽的話沒有實現。他們的生活不但沒有改善，家庭氣氛更因為新弟弟的誕生變得更混亂。正在學走路的派翠西亞，也是個小麻煩。
不要把弟弟弄哭！
哇——哇！

我們已經有兩個自己的孩子了，你爲什麼還把歐普拉帶回來？
她回來，是有好處的。我不在家的時候，至少她可以幫忙做家事。
歐普拉的生活比以前更辛苦。她忙著照顧妹妹和弟弟，連閱讀的時間也沒有了。
沒時間休息和看書，唉！
哇！
我不要待在這裡。我想回納許維爾，和爸爸、繼母一起生活。

歐普拉，這是你的房間。如果需要什麼東西，隨時告訴我們喔。
別只顧著讀書，吃些水果吧。
爸爸。
歐普拉！
爸、爸爸！
我好想你喔。自從你走了以後，我的心好像被掏空，我不能再忍受失去你了。
噢！
爸爸，我也好想你。
我們回家吧。你的繼母在家裡等你。
好，我回去收東西，馬上出來。

你想去哪裡？
啊?!
你自己走吧。我不准你帶走歐普拉。
與其讓她跟著繼母過可怕的日子，我寧可辛苦一點，自己撫養她。
只要她願意，她也可以在這裡上學。
維尼塔！歐普拉該上小學了。請你讓歐普拉跟我走。
你要考慮歐普拉的處境。
不管你說什麼，我都不會答應！不行就是不行！

啊！
歐普拉，我想接你回去。但是，現在看起來好像沒希望了。
我答應你，我們很快就能在一起生活。在這之前，你要好好照顧自己。
爸、爸爸！
想到必須繼續住在這裡……
媽媽，你錯了。你說爸爸不要我，但是他回來找我了。
與母親同住的日子，歐普拉非常沮喪、挫折。一場無法挽回的悲劇，即將發生在歐普拉身上。
你就是跟著我住，其他的事都把它忘了！
嗚！

歐普拉的成功秘訣 2

熱情洋溢

歐普拉．溫芙瑞是一個充滿熱情的人，不論身處在任何環境，她永遠盡力做到最好。順境也好，逆境也罷，對歐普拉來說，全力以赴、盡可能做到完美，是非常重要的事情。就讀高中時，16歲的歐普拉參加一項選美比賽。除了她是黑人，其他參賽者全都是白人女孩。在當時的社會氛圍下，一個黑人女孩要贏得選美后冠，幾乎是一件不可能的事。然而，歐普拉不但勇敢參賽，也盡情展現自己的內在美，以彌補外貌的不足。結果，歐普拉脫穎而出，成為第一位獲得選美冠軍的黑人女孩。她的積極與熱情，讓自己嚐到成功果實的甜美滋味。

歐普拉的熱情，讓自己不但成為最受歡迎的節目主持人，同時也是一位出色的女演員、製片以及雜誌發行人。歐普拉不斷挑戰自己的潛能，尋找新的奮鬥目標。沒有人能夠預測她努力的終點在哪裡。歐普拉堅信，「沒有夢想，生命一片荒蕪；沒有熱情，生命困難重重。」 歐普拉面對挑戰的熱情，永遠如太陽般熊熊燃燒。

「想要得到成功、活出精采人生嗎？請努力工作。
如果你不知道如何閱讀、沒有基本運算的能力，成功不會來敲門。
抬頭仰望天空，我學到什麼是熱情，也從中得到無窮的能量。
你一樣也能成功！」
——歐普拉．溫芙瑞於「歐普拉．溫芙瑞領袖學院」的演講

第三章

陷入絕望困境

歐普拉母親的小公寓經常有親戚來訪，甚至留宿過夜。有一天，歐普拉的表哥來到她們家，揭開悲劇的序幕。
歐普拉，你今年幾歲啦？
9歲。
已經那麼大了？所以，你算是發育成熟囉。
讓我看看，你是不是大女孩了。
表哥，你、你要做什麼？
如果你反抗或尖叫，你就完蛋了。
啊！

9歲的歐普拉被十幾歲的表哥強暴了。但她年紀太小，還不太明白究竟發生了什麼事。
隆隆隆
乒乒乒
砰砰砰
來，吃冰淇淋。
不要，我不想吃。
去動物園玩，怎麼樣？你不是想看獅子和猴子嗎？
我想看，但不是現在。
好吧，下次再帶你去。今天的事絕對不能告訴別人，聽到了嗎？

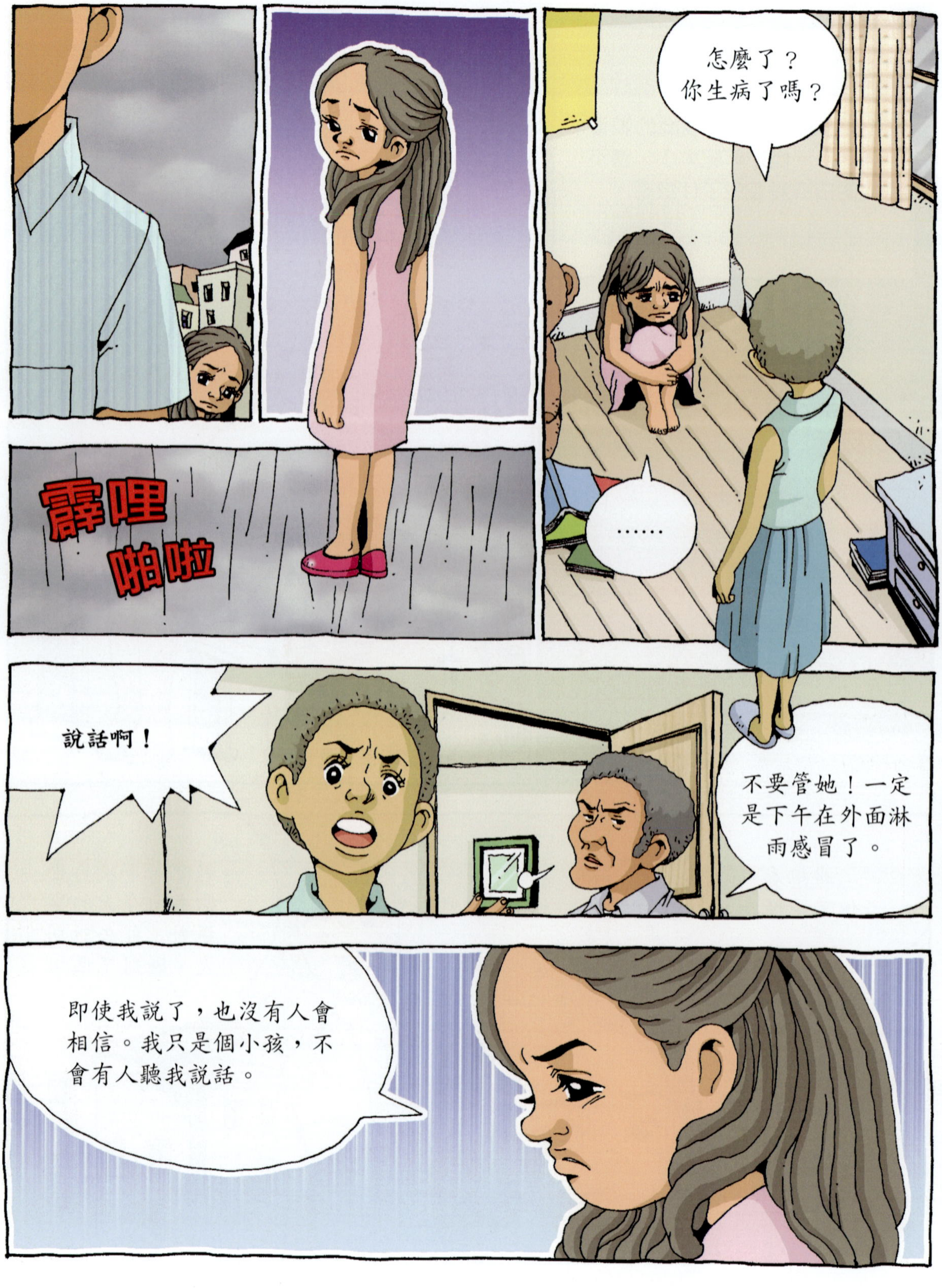
怎麼了？
你生病了嗎？
霹哩
啪啦
……
說話啊！
不要管她！一定是下午在外面淋雨感冒了。
即使我說了，也沒有人會相信。我只是個小孩，不會有人聽我說話。

歐普拉既恐懼又困惑，不敢和任何人提起這件事。然而，這只是悲劇的開始。在她的成長歲月中，她慘遭許多男子性侵害。
拿去買餅乾！
如果男生和女生抱抱，就會生小孩？
沒錯！我媽告訴我的。
什麼！抱抱就會生小孩？
嗯，是啊。
或許？

有——有沒有可能我懷孕了呢？
不行！不能！不可能是真的！
無意間聽到朋友的對話後，歐普拉開始經常覺得噁心、想吐。
!!
爲什麼最近她怪怪的？
歐普拉被可能懷孕的事實嚇壞了。
你不舒服嗎？
嗯，嗯，沒啦。
我、我只是想找一本想看的書。

為了驅散心中的恐慌和焦慮，歐普拉更加沉浸在書堆裡。
歐普拉總是一個人在教室或圖書館看書。有一位老師發現歐普拉是個愛書狂，便決定給她一個機會。
你總是在看書，好用功。
亞伯拉斯老師！
你有資格可以獲得「勵志向上計畫」的資助。
哦？那是什麼？
這個計畫，是由政府提供全額獎學金，給像你這樣優秀的學生，讓這些學生可以申請就讀最好的學校。

這是個很棒的機會，你可以去讀比這裡更好的學校。
我想推薦你，你認爲怎麼樣？
也就是說，我可以遠遠離開密爾瓦基囉？
嗯，也不是那麼遠啦。你可以搭公車上學。
我明白了。
13歲的歐普拉得到全額獎學金，轉學至尼柯雷中學就讀。
什麼？黑人學生！黑人也可以讀我們學校？
因爲最近黑人反彈得很厲害，所以當局還設了獎學金來安撫他們。
我想，一個黑人女學生，應該沒什麼大不了的。

這個學校的學生，以高加索白人為主。唯一非裔美籍的歐普拉，立刻成為眾所矚目的焦點，很多人都想和她交朋友。
歐普拉，今晚我家有個小型聚會，你想來嗎？
喔，好啊。
他們看起來都是有錢人的小孩，不曉得他們家多富有。
我的天哪！這是房子？根本是皇宮嘛！
他們有好多輛車啊。
你家住很遠，你搭公車上學囉？
不，不是。

我爸爸要開車送我上學，但我堅持自己搭公車。
我不敢相信，自己竟然說謊！
你父親從事什麼行業？
他，嗯，他在密爾瓦基經營雜貨店。是那種很大的雜貨店，要花一天時間才能逛完呢。
哇！
那麼你有資格加入我們的圈子。因爲和我們出去玩，你的口袋要有很多錢。
那還用說。哈、哈、哈、哈。

她是我們的管家，你認識她嗎？
我不認識。
咦？奇怪了。
的確很奇怪，你們一樣是黑人，你卻不認識她？
他們在說什麼啊？黑人不一定認識黑人啊！
歐普拉，這週末我們打算看電影，你也來嗎？
聽起來很棒！
喔，不！我居然想都沒想就答應了。怎麼辦？和他們出去要花很多錢，我需要錢。

我的麻煩大了。跟媽媽要錢，她一定不肯給我。
我買了點心，拿去和大家一起吃吧。
耶！
今天是你的發薪日？
嗯，是啊。
但是付完帳單，也沒剩多少了。
喔！

我——
我在做什麼啊？
我瘋了，我竟然偷媽媽的錢。歐普拉，這是偷竊啊！
呼！
不管了！媽媽都不關心我。

和我受的委屈相比，這點錢算什麼！
歐普拉偷了媽媽的錢，和朋友出去玩。
由於心中累積了遭受性侵的憤怒，加上環境失序，歐普拉漸漸行為叛逆，放任自己墮落。
歐普拉，這部電影很有趣吧？
是呀！
現在不要馬上回家，我們再到公園晃一晃。
贊成！

你整晚跑去哪兒了，現在才回來？
我和朋友出去玩。
你！你有沒有碰我的錢包？
!!
什麼、你說什麼？我、我從來不碰你的錢包。你不要亂冤枉人！
如果不是你，為什麼講話結結巴巴？你說實話！
放開我，讓我走。
良心不安了，對吧？錢在哪裡？把錢還給我！你不曉得賺錢多辛苦！
啊！

你說你是我媽，但你上一次關心我是什麼時候，你記得嗎？
我恨你！我好恨你。從現在開始，我們互不相干！
你好大的膽子，不知羞恥的女孩！
近來不斷說謊、偷錢的歐普拉，和媽媽大吵一架後，離家出走。
喂，你離家出走，對吧？
你做對了。蹺家可以自由自在，誰也管不著，多好！
如果你一時沒地方去，你可以到我們的公寓來。
抽根菸，你會覺得好多了。
這是什麼？
這是現在最新的藥。
什麼？藥、藥？

幹嘛大驚小怪？
這沒什麼大不了。
來，哈一口？
呼！
如何？
感覺很
棒吧？
我、我不
知道。
不要待在這裡，
我們去跳舞。
好主意！
不管我發生什麼
事，媽媽根本不在
乎。我還是把家忘
了吧。

歐普拉今天也
沒回家？
她和朋友一起逍遙
自在，你以爲她會
回家？
從什麼時候開始，
她變得這
麼壞？
就是這間房子。
住在這附近很不
安心，一群不良
少年在這裡成群
遊蕩。
就是那些小混混。
通通抓起來！

走開！
放我走！
密爾瓦基少年拘留所。
我們做錯什麼事？讓我們出去！
安靜！嘴巴給我閉起來！
拘留所客滿了，她怎麼辦？
沒辦法。打電話叫她爸媽把她領回家。

什麼？歐普拉在
少年拘留所？
是的，太太。
她的監護人可
以來領她回
去嗎？
啊！
怎麼會這樣！
喂？喂？
我管不了歐普拉，我
沒辦法繼續養她了。
把她送回去給她爸爸
啊。幾年前，他不是
出面，要求要撫養
歐普拉嗎？
沒錯！

你的父母來了。
如果你再被我們抓到，
就會馬上被關。
呼，一定是
我媽來了。
什麼？
爸、爸爸！
歐普拉！你一
定受苦了！
爸爸！
沒事！沒事了！
把這些都忘掉，
我們回家吧。
歐普拉，這世界上有
許多種不同的人。

有些人能成就一番事業，有些人卻只能冷眼旁觀，什麼事也做不了。
還有一些人，對這個世界已經麻木。不論周遭發生任何事，完全漠不關心。
歐普拉，你想當哪一種人呢？
!!
爸爸，我曾經想要當能成就事業的那種人。
可是，現在對我來說，已經太晚了。

我曾經掉入絕望的
深淵，我有機會重
新開始嗎？
歐普拉把這個埋藏已久的大祕密，留
在她一心想逃離的密爾瓦基，然後跟
著父親回家。

歐普拉的成功秘訣 3

卓越的說話技巧

「脫口秀女王」，是許多人給歐普拉的稱號。她的談話性節目長期保持高收視率，原因就在於歐普拉的主持風格是如此自在、散發出熱情和溫暖，再加上她出色的談話技巧，讓每一位來賓都能受到感動，進而打開心房、暢談心事。歐普拉從小喜愛閱讀和說話。當她沒有同年齡朋友可以分享心情的時候，歐普拉把外婆家飼養的動物、在媽媽家抓到的蟑螂當作同伴，說故事給牠們聽。歐普拉讀高中時，幸運獲得參加選美比賽的機會。在比賽中，歐普拉以真誠、無畏的態度以及出色的談吐，因而獲得評審的高分，成為第一位贏得此項比賽冠軍的黑人女孩。

既沒有漂亮的容貌和外型，也沒有模特兒身材的歐普拉．溫芙瑞，為什麼總是能夠吸引眾人目光？這是因為她說的每一句話，都是發自內心、真誠的關懷別人。尤其是她毫不造作的關心和照顧弱勢階層，並敞開胸懷、傾聽別人的心聲，造就歐普拉成為名副其實的「脫口秀女王」。即使你不像歐普拉是一位節目主持人，但擁有傑出的談話技巧，也可能替你圓夢。如果你能以真誠的雙眼看世界、敞開心胸關懷別人，那麼你也可以和許多人拉近距離，建立成功的人際網絡。

「當我主持脫口秀節目時，心中掛念的是關懷來賓和觀眾，
而不是爲了公司利益或賺錢。這就是我成功的原因。」
——歐普拉．溫芙瑞

第四章

在父親幫助下 跨越苦難

搬去和爸爸同住以後，歐普拉的行為還是跟從前一樣叛逆。她的舉止粗魯，想做什麼，就做什麼，完全憑自己的喜好。
她以前是一個聰明可愛的孩子。我眞不敢相信，才短短幾年的時間，她就被媽媽弄成這個樣子。
爲了糾正歐普拉的行爲，我們必須要用嚴格的紀律。
歐普拉！你好好聽我說。我不知道你在媽媽那裡的情形，可是在我家，我不允許你這種粗魯又無禮的行爲。
你必須遵守我的規矩。
老頭，如果你想命令我，勸你省省力氣吧。

你怎麼可以那樣叫你爸爸？你從哪裡學會說這麼沒禮貌的話？
我愛怎麼叫他，不關你的事！
你竟敢用這種態度和你繼母說話？
喲！煩死了啦！
爲什麼歐普拉變了這麼多？
爸爸，對不起。我也不想這樣，可是我的心好亂。
嗚，我已經——

如果我把那些黑暗的祕密全說出來，爸爸可能會棄我不顧。
歐普拉。
爸爸！
最近，每次我看著你，都覺得你好像有事瞞著我。我很清楚那種感覺。
我親身經歷過這種感覺，就好像你出生時，我害怕承擔責任，而選擇逃避一樣。
當時，我太年輕了，我怕自己沒有能力撫養你。

我一直很
懊悔。
現在，我非常明白，
你是我最重要的寶貝
女兒。
我愛你，
歐普拉。
對啊，我必須
告訴爸爸，他
可以幫助我脫
離困境。
爸爸，我有些事
想告訴你。
什麼事？
在我肚子裡，

有一個小寶寶在
我肚子裡。
!!
我好怕，不
敢跟你說。
沒關係，不要怕！和
其他人比起來，你只
是懷孕的年紀比他們
小一點。
你知道寶寶的
爸爸是誰嗎？
我、
我不知道。
不要再擔心了。我們
要珍惜這個小生命。如
果你一個人沒辦法撫養
寶寶，我們會一起幫
你，好好照顧他。
噢，爸爸！

爸爸，眞的好謝謝你。現在，我終於鬆一口氣了。
歐普拉。
維尼塔，天下有像你這樣的母親嗎？你知道我多麼生氣嗎？我真不敢相信，你竟然完全忽視歐普拉，讓她的生活變得一團混亂！
歐普拉向父親坦承了所有祕密。不久，她生下了一個孩子。可是嬰兒早產，沒幾天就夭折了。
嗚！我的寶寶！
孩子，你就哭吧！把你心裡的悲傷，全都哭出來吧……

幾個月後……
哇！
嘿，至少表現一下你嚇到的樣子嘛！你的表情那麼嚴肅，讓我覺得自己像個傻蛋。
你去哪裡呀？
我去幫你辦復學。不久，你就可以回學校上學了。
從現在開始，我希望你能過新的生活，以前那些可怕的事，就讓它過去吧。
……

如果你還沒有準備好，
也不必急著馬上做決定。
仔細想想看，好嗎？
過新的生活？我的人生徹底的毀滅了，我要如何重新開始呢？
這個世界上，有各種各樣的人。
有些人有能力成就一番事業，有些人只能冷眼旁觀，什麼事也做不了。
歐普拉，你想成爲哪一種人？

父親盡全力幫助歐普拉走出過去的陰影。
這時，歐普拉的父親也改行了，開了一間理髮店和雜貨店。雖然他工作很忙，幾乎連休息的空檔也沒有，但他一定找時間和歐普拉相處。
在父親的努力之下，歐普拉重新審視自己的生活。她決定結束混亂的日子，展開新的生活。
爸爸，我想回學校讀書。
歐普拉！

從現在開始，你要聽我的話，孩子。
如果我告訴你，蚊子能拉得動汽車，牠就辦得到。你要相信我的話，不要懷疑、不要反問，你接受就對了。我說的話才算數，你明白嗎？
是，爸爸。
如果你回嘴或違反規定，就得受罰。還有，無論如何，天黑以前你一定要回家。
遵命。
為了讓歐普拉專注於學業，父親和繼母對她非常嚴格。
每天背五個生字，每星期至少看完一本書。
歐普拉，這是全新的開始。你要好好把握第二次機會啊。

在閱讀海倫．凱勒、安妮．法蘭克等女性人物的傳記時，她們克服難關的勇氣，讓歐普拉開始重新建立自尊與希望。
海倫．凱勒能夠戰勝身體上的障礙，完成自己的夢想。她好偉大喔！
我要像海倫．凱勒說的一樣，「不要垂頭喪氣，高高抬起你的頭，將全世界盡收眼底。」
歐普拉14歲時，成為東納許維爾高中的高一學生。
我休學一段時間，現在要趕上功課有點辛苦。
你的學校報告做得怎麼樣？
我只得到丙。
什麼？
如果你的資質普通，我不會勉強你要拿好成績。可是，你明明是一個天資優秀的學生啊！

如果你再拿「丙」這種成績回家，我不會原諒你。
是，爸爸。
經過父親的指導和照顧，歐普拉漸漸步上軌道。她發憤用功，成績突飛猛進。
爸爸，我登上榮譽學生榜了！
看吧！我就說你潛力十足，一定能做得到！
現在你的成績已經回到從前的水準，爲什麼不考慮參加學校的社團活動呢？
社團活動？

戲劇社
我想加入戲劇社。
加入社員是你的選擇，但如果想上台演出，你必須十分努力。
我了解。
啊，啊，啊。
糟糕。她要上場辯論，可是聲音太沙啞。
噢！所以，我要她昨晚好好休息。
他們是誰？
他們是辯論社的社員，每天聚在一起練習演說和辯論。
辯論？

等一等！
我可以參加辯論社嗎？
當然可以！
歐普拉熱心參與戲劇社和辯論社的活動。她從小就喜歡說話，在社團裡更磨練出卓越的演說技巧，表現極為傑出。
今天，一個學生的責任，不是只有在課業上拿到好成績。
我們不僅要和同學、朋友和睦相處，也要能對社會有所貢獻。
這樣才是一位具有領袖氣質的優秀學生。

好酷，歐普拉，你發表的這番話太棒了！
是啊！或許是因爲你也參加了戲劇社，演說才會這麼精采又吸引人。
我一點、一點的重新找回自信心。現在，我覺得自己什麼事都能做。
重建信心的歐普拉，對任何事情都熱情積極、全力以赴。高三時，她甚至競選學生評議會副主席。
歐普拉，聽說你競選副主席？
沒錯。我想我應該試試看。

祝你幸運！我們會幫忙拉票。
謝謝大家囉！
如果我當選副主席，我保證改善學校餐廳的飲食。
我要創造陽光般的開朗校風。學校舞會，我打算邀請樂團現場演奏。
什麼？樂團現場演奏？
哇，太棒了！
歐普拉以校園的實質需要做競選訴求，贏得很多人支持。結果，她當選了副主席。
嗶！歐普拉！
恭喜你當選副主席。我知道你辦得到。
這要謝謝大家的支持囉！
從現在開始，我要揮別晦澀、黑暗的過去，全力實現我心中的夢想！

歐普拉的成功秘訣 4

勇 氣

歐普拉．溫芙瑞擁有充滿自信的說話才能，以及勇敢積極的行動力，讓人看來她似乎不需要勇氣。然而，沒有人會不需要勇氣支持。在她的人生中，歐普拉示範了大無畏的勇氣和果決的判斷力。青春期，她曾經意外懷孕。初期，歐普拉因為害怕，她沒有告訴任何人自己懷孕的事，也試圖隱瞞事實。後來，她察覺掩蓋實情是錯誤的，所以鼓起勇氣向父親說出一切。歐普拉的父親不但沒有責怪女兒，他陪在女兒身旁，幫助她重新站穩腳步。也因為歐普拉擁有認錯的勇氣，才能得到強而有力的支持，度過難關。

在自己的脫口秀節目中，歐普拉在許多人面前，勇敢說出小時候遭到性侵害的往事。歐普拉這麼做，很可能會一手毀了自己辛苦建立的名聲和事業。然而，歐普拉決定勇敢面對，敞開心胸，無所隱瞞。於是，在成千上萬的觀眾前，她終於公開心中最黑暗的祕密。歐普拉的勇氣和作為，讓觀眾大受感動，不但沒有因此鄙視她，反而張開雙手擁抱她，以掌聲為她加油、打氣。這個經歷，也引領歐普拉以個人的力量，主動去幫助受虐兒童，並且賦予她繼續向前的動力，邁向更成熟的人生。歐普拉展現出過人的勇氣，勇敢面對障礙和挑戰。也正是因為勇氣，讓歐普拉能一步步走向成功之路。

「勇氣的真實考驗，就是當你害怕時，仍然能勇敢向前、勇敢去做。
不論你有多害怕，即使害怕到雙腿發抖，
但終究還是要鼓起勇氣，繼續向前走。」
——歐普拉．溫芙瑞於「美國廣播電視台」

第五章

廣播界
初試啼聲

因為學業成績優異，以及課外活動表現亮眼，歐普拉以學校和田納西州代表的身分，參加白宮青年會議。
嗨，可以借一步說話嗎？
請問您是哪一位？
我是WVOL電台的約翰·海德堡，我們是一家非裔美籍的地方電台。
你來參加白宮青年會議吧？你願意接受我們的訪問嗎？
好啊。
青年會議的特色是什麼？
這個會議，是由全國選出的500位學生和商業代表共同參加，針對與青少年相關的議題進行討論。

我是參加了會議。但是，我不明白自己爲什麼會被選上。
哈、哈哈！
大概你的學業成績和課外活動表現都很優秀吧。
是嗎？
在會議過程中，哪些事情讓你印象深刻？
有趣的事很多。我全部告訴你，你再自己選擇一個播報，怎麼樣？
嗯！她說話條理分明，眞是一個聰明、沉穩又有自信的學生。
揮別過去陰影的歐普拉，現在毫無疑問是學校的風雲人物。再加上為人處事非常熱心，歐普拉得到同學和朋友的敬重，人緣極佳。

爲了讓發音更完美，我們用嘴巴含著一枝筆來練習說話。
各位好嗎？我是歐普拉．溫芙瑞。
哇！發音精準！
是嗎？
我眞是羨慕又嫉妒。我從來沒見過口齒這麼清晰的人。
肯嘗試，就能辦到。我們可以一起練習。
我回來了！
孩子，回來啦！剛好有個電話找你，要接嗎？

嗨，歐普拉！我是WVOL的約翰·海德堡。我們好一陣子沒見了。
嗨，你好嗎？
有一場「防火小姐選美比賽」即將在納許維爾舉行。我們希望，你能代表我們的電台去參賽。
什麼？你們要我參加選美比賽？
沒錯！很多人在廣播中聽到你的訪問，印象非常深刻。他們說，一個高中女生口才這麼好，實在很難得。
如果你去參賽，我想你一定會得到好成績。何不趁這個機會，多學個經驗？
我不知道該說什麼。我從來沒想過這種事呢。
對你來說，這是一個很好的機會。你仔細考慮再決定吧。

選美比賽裡，都是那些像洋娃娃的漂亮女生，我怎麼可能會贏呢？
不，我不應該那樣想。
就算不會贏，我也沒什麼好損失的。
選美比賽？我非常反對你去參加那種活動！
親愛的，爲什麼？
爸爸，對於參加選美比賽，我也沒有抱太大的期望。
但是，我想從比賽中得到一些經驗。

歐普拉眞的很希望參加，你爲什麼不讓她試試看呢？
她好不容易才從絕望的谷底爬上來，萬一輸了，我怕她的自信心會再受打擊。
唉！
您不要擔心，我一定會好好的。
最後，16歲的歐普拉代表WVOL電台參加「防火小姐選美比賽」。
參賽者大多數是高加索白種女孩，歐普拉是唯一的黑人。

她們個個都
好漂亮喔。
我是唯一的黑
人。大概沒人希
望我抱走后冠。
不行，我不能自己
先認輸。首先，我
要全力以赴、做
到最好，結果
如何再說囉。
下一位是歐普
拉·溫芙瑞小姐
的機智問答。
如果贏得百萬
獎金，你會如
何運用？
哇，光是想到
這個題目，就
讓我好興奮！

嗯，如果我有一百萬獎金，我一定會變成不停花錢的笨蛋。
哈、哈、哈哈！
畢業以後，你打算從事什麼行業？
我的志願是當電台記者。
我想當電台記者，是因爲我相信事實眞理。我將會傾注我所有的熱情，努力向全世界傳達眞理與事實。
她眞是個有自信、幽默又聰明的漂亮女孩。
下一位參賽者是……

呼～好險，我想我的回答應該還不錯。
現在，宣布比賽結果。
「防火小姐選美比賽」的冠軍是歐普拉．溫芙瑞小姐。她的機智，讓所有評審印象深刻。
不可能！
嘩！
我、我是冠軍？
是的。
我，嗯，不敢相信。這怎麼可能？

你現在感覺如何？
我明白我會當選，不是因爲我長得最漂亮。我會贏，是因爲我誠懇的人格特質。
對其他漂亮迷人的佳麗，我只好說對不起囉。
哈—哈—哈—哈
歐普拉成為第一位在這項活動中封后的黑人女孩。

嗯，歐普拉·
溫芙瑞——
她說畢業後想當電
台記者。我們何不
僱用她呢？
先做個播音
測試吧。
聽聽看這個。
這是歐普拉
的聲音。
這個會議，是由全國
選出的500位學生和
商業代表共同參加，
針對與青少年相關的
議題進行討論。
我是參加了
會議。但是，
我不明白自己
爲什麼會被
選上。
哈、哈哈！

聲音不錯。我想，她會是稱職的播報員。
讓她試試看。
是，先生！
你想播報電台新聞嗎？
我可以嗎？
這是我一直夢想要做的工作。
歐普拉開始在贊助她參加選美的WVOL電台工作。她負責播報下午運動節目的中場新聞。
EXIT

歐普拉，今晚學校舉辦舞會，和我們一起去好嗎？
對不起，我下午有事，不能參加。
自從你在選美比賽拿到冠軍，每個人都想見你。
你不去，舞會就沒看頭了！大家都希望你出席。
你到底有什麼事非去不可？
最近，我在廣播電台報新聞。
好了，我該走了。大家明天見囉。
哇！

不必這麼緊張。
照你平常說話的方式
就可以了。
啊—
啊—啊。
現在播報五
點整新聞。
卡！
聲音很僵硬。
放輕鬆，再來
一遍！
呼！
戰火已經從越南蔓延
至柬埔寨——
現在，戰爭波及
到寮國，爲第二
次中南半島戰爭
埋下導火線。
歐普拉！我確
定這是歐普拉
的聲音！
啊！

我眞不敢相信，
歐普拉竟然這麼
厲害。
你爲什麼
哭了？
歐普拉第二次回來的時
候，我以爲她這輩子完
蛋了。沒想到，她現在
變得這麼好，讓我感動
得掉眼淚。
喔，
親愛的。
回到父親家三年後，歐普拉撫平往日創
傷，一步步往好的方向發展。
你快畢業
了，將來有
什麼打算？
我想念大學，主
修電視和廣播相
關科系。
很好！

但是我不希望你離家去讀大學。你可以申請附近的學校嗎？
好的。
從高中順利畢業之後，歐普拉申請就讀田納西州立大學，主修演說和戲劇。
現在，我們討論視覺文化的特性。首先，它憑藉的是視覺影像。
獲得視覺效果的方法是——
鈴鈴鈴
今天我們的課程到此爲止。

這次戲劇練習的劇本是小馬丁·路得·金恩博士的故事。
東尼扮演金恩博士，可是我們還沒決定誰來演他的太太柯瑞塔。我們應該選誰呢？
歐普拉，你演這個角色如何？你的感情豐富，又很會背台詞。
歐普拉，那就由你扮演柯瑞塔囉。
沒問題，一定很棒。
我會去圖書館找有關金恩博士的傳記或資料。

歐普拉讀大學的那段時間，美國社會因黑人種族問題紛擾不安。黑人要求與白人平等、平權，黑人學生則在全國各地示威遊行。
廢除種族差別待遇！
黑白平權、現在就要！黑白平權、現在就要！
歐普拉！
爲什麼你不和我們一起示威？
嗯——
我明白我是黑人。但是，我的人生到目前爲止，還沒遭受種族差別待遇。所以，我沒有理由因此而憤怒。

你的意思是說，白人對黑人沒有差別待遇囉？
不，也不一定。我只是認爲，對抗不平等待遇最有效的方法，就是培養自己成爲專業和有能力的人。
我們黑人要得到平等自由，就應該在工作上努力奮鬥。
你這個膽小鬼！
這個藉口爛透了！
無論你如何尖叫、掙扎，也擺脫不了身為黑人的枷鎖。
沒錯，我也是黑人，我不能否認這個事實。但是，我要別人以我的能力來肯定我，而不是我的膚色。所以，我必須優先培養自己的能力和技能。

我和你們唯一不同的，就是方法。我要讓自己以身爲黑人爲傲。
每一次和朋友爭執種族問題，總讓歐普拉感到失望。雖然她沒有參加示威活動，但歐普拉非常清楚他們的主張。
我相信，金恩博士的夢想和示威學生的夢想是一樣的。他們都希望世界上的人們都能和諧共處，沒有差別待遇。
在黑人學生發起民權運動的影響下，美國社會逐漸改變他們對待黑人的方式。
砰
啊！
砰
砰
我要實現我的夢想，成爲廣播記者，讓人人平等的世界早日到來。

深入認識歐普拉 1

種族差別待遇

歐普拉·溫芙瑞讀大學時，黑人民權運動正進行得如火如荼。當時美國社會，占多數的白人歧視較少數的黑人，對黑人也有差別待遇。為了爭取擁有與白人相同的待遇，黑人在街上或學校等公共場合進行示威遊行。即便在歐普拉就讀的大學裡，也經常發生抗議活動。不過，歐普拉沒有參與黑人學生的這類活動。她在圖書館閱讀書籍，或參加社團活動，把大部分時間用來培養自己的技能。有些黑人學生對她這種沒興趣又不參加的行為感到不滿，因而堅決認為歐普拉應該加入他們的抗議行列。但是，歐普拉沒有聽從他們的意見。原因在於歐普拉並非不關心種族差別待遇，也不是對社會問題冷漠，只是她的想法和做法與其他黑人不同罷了。

美國民權運動領袖小馬丁·路得·金恩博士同樣訴求非暴力抗爭。他主張非暴力抗爭，認為以沒有暴力的方式進行訴求，更能引起大衆的同情和回應，也更容易讓運動成功。另一方面，也有很多黑人領袖是以激烈、暴力的方式來爭取平等。然而，歐普拉採取的方法是勇敢面對歧視和不公平待遇，同時努力拓展自己的視野、全力實現自己的夢想。她相信，卓越的成就才是遏止歧視最有效的方法。事實上，歐普拉希望自己因具備才能而得到人們的認同和讚賞。她不斷努力和自我磨鍊，最後，終於因傑出的能力和勇於嘗試，為自己帶來極大的成功。

在功成名就之後，歐普拉提供大筆金錢，作為黑人學生的獎助學金，讓他們能安心讀大學，不必為學費沒著落而煩惱。目前，種族差別待遇雖然獲得大幅改善，但還是有很多人深受貧窮和疾病所苦。不只專注於追求個人成就，歐普拉仍然致力於關懷那些生活貧困的弱勢族群，並協助他們能夠重新站起來。

第六章

再度陷入挫折泥沼

嗨，你是歐普拉・溫芙瑞小姐嗎？我們是WTVF－TV。
你是否考慮來我們電視台參加試鏡呢？
我很樂意。讓我準備一下，我一定參加。
啊，真不敢相信，竟然有電視台請我去試播！
我從來沒站在攝影機前面，希望我能表現得不錯。
看看其他女主播的播報方式，可能會有些幫助。
下一則最新消息，維持國際原油價格穩定並不樂觀，政府……
芭芭拉・華特絲眞是天生的記者。

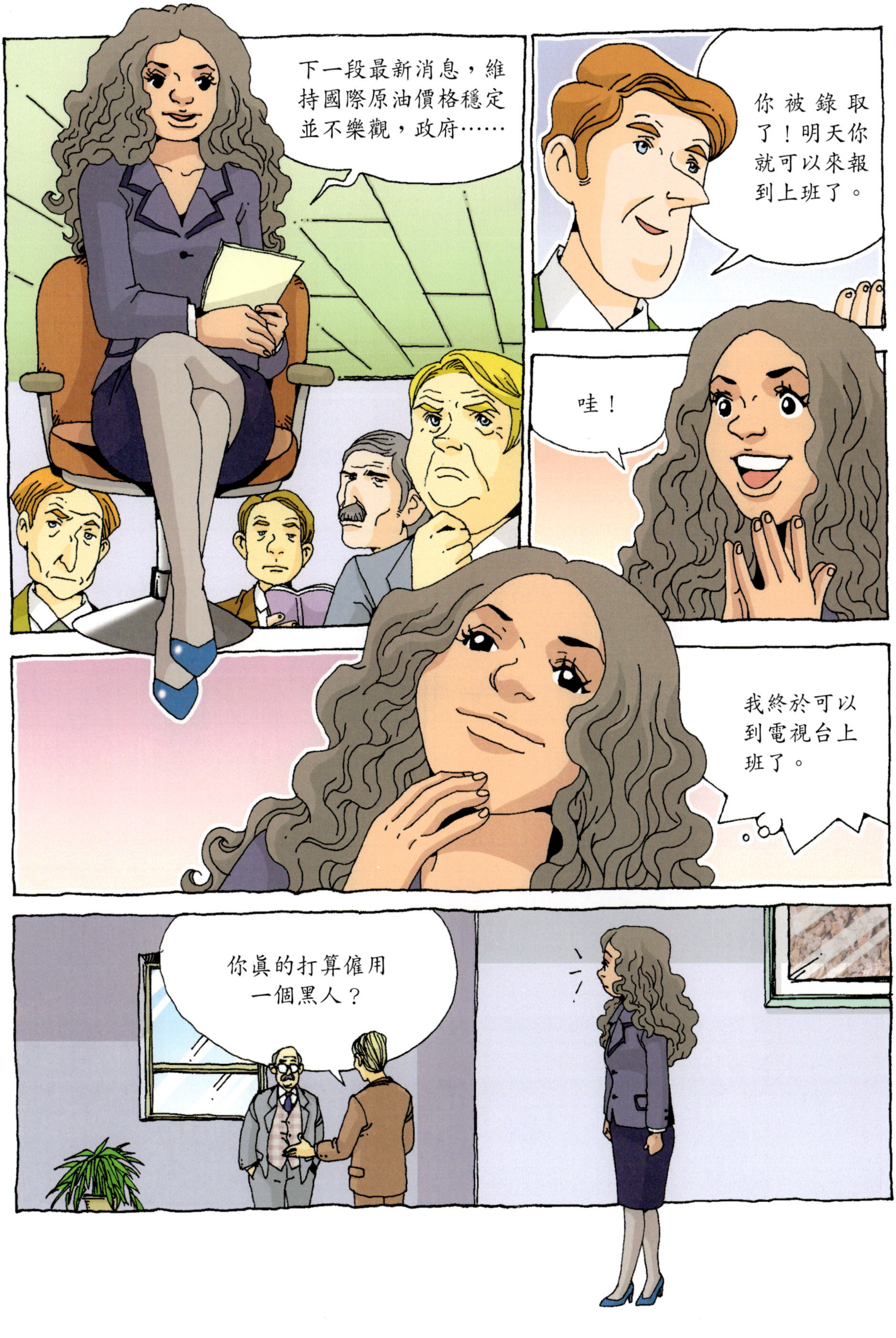
下一段最新消息，維持國際原油價格穩定並不樂觀，政府……
你被錄取了！明天你就可以來報到上班了。
哇！
我終於可以到電視台上班了。
你眞的打算僱用一個黑人？

註：種族優惠措施，此一政策是指一個企業如果僱用少數民族，就可獲得政府經濟補助的方案。

因爲有「種族優惠措施」，我才被錄用。
你確定？
不過，我決定全力以赴。總有一天，他們會因爲我的能力肯定我。
我了解。我對你有十足的信心，不論做什麼，你一定會做到最好。
謝謝爸爸替我加油。
你的職務是辦公室助理。
你負責替所有員工找資料和準備文件。
我知道了。

喔，對不起。我太不小心了，這些紙大概以爲自己是飛機。
我很高興，幸好它們最後完美降落。
你是新來的員工嗎？
是，我叫歐普拉‧溫芙瑞。
我是新聞部總監克利斯‧克拉克。你說話幽默又機智，是一個難得的人才。
最初只在週末上班的歐普拉，引起新聞部總監的注意。她因此得到一個播報新聞的機會。
時機眞巧！我們剛好需要一位女主播，就是你了！
你說什麼？

好，我們現在開始！
大家好，我是新任女主播歐普拉．溫芙瑞……
一號攝影機，請對準歐普拉。
請看著攝影機，重來！
你看攝影機的時候，態度要自然。
大家好，我是新任女主播歐普拉．溫芙瑞，現在爲您播報新聞。
還不錯，但還是有些生硬。你試著放鬆臉部的表情。

國際原油價格不斷攀升，全球主要的石油消費國家必須付出石油稅。
以第一次上場的新手來說，她的表現很棒，是吧？
她除了擁有一流的說話技巧，也有豐富的相關資歷。只要再多一點經驗，她就會成爲頂尖的主播。
歐普拉和經驗豐富的主播哈利．查普曼搭檔，開始負責播報每日的晚間新聞。
你的表現，跟平常一樣好！
呼！要同時兼顧學校課業和電視台的工作，讓我忙到暈頭轉向！
就快畢業了，我要撐下去！

註：橙劑(Agent Orange)，越戰期間美軍在越南叢林噴灑的落葉劑，目的是用來讓樹葉枯萎、掉落，使得北越共軍無法躲在叢林中向美軍襲擊。

歐普拉漸漸展現當主播的才能。最重要的是，她不斷從觀眾那裡得到許多正面的肯定與回應。
大學畢業前夕，歐普拉遇到一個大好機會。
歐普拉，有人找你。
找我？會是誰呢？
我是巴爾的摩WJZ－TV電視台。
噢！WJZ－TV！這是全美第十大電視台呢！
我們正在尋找人才。你要不要考慮，到我們的電視台工作？
喔！

在這麼大的電視台工作，是每個人的夢想。我很想去。
可是，我馬上要畢業了。
這是我的名片。請你仔細考慮之後，再和我聯絡。
我該怎麼做？如果我多花一點時間在課業上，我就可以如期畢業……
但是，爲這麼大的電視台工作的機會，我想不會有第二次吧。
我決定了。以後，我還是能回學校完成學業。

歐普拉決定暫停學業，她離開納許維爾，前往位於巴爾的摩的WJZ－TV。
到了那邊，記得趕快打電話給我們。
注意健康，不要忙得忘記吃飯喔。
放心，我會好好的。
這個城市比納許維爾熱鬧，也進步多了。
歐普拉是何方神聖？
歐普拉是何方神聖？
歐普拉是何方神聖？
啊？
歐普拉小姐，歡迎你。
那些廣告是怎麼回事？
那是我們電視台的宣傳策略。目的是希望能刺激觀眾、引起對你的好奇心，提高他們的期待。

我的天哪！謝謝你。雖然我還沒起步，就已經像個名人了。
是啊，你必須好好努力工作，變成眞正的名人啊。哈、哈、哈。
歐普拉與傑瑞．透納搭檔工作，傑瑞已有十多年的新聞播報經驗了。
很高興認識你。
照你以往的方式播報新聞就可以了。
接下來播報下一則新聞。一架飛機失事，造成極大傷亡。
一位乘客帶著孩子前往紐約見他的父母，這是他們30年來第一次會面。因爲這位乘客很小就離開父母。每一位乘客，嗯，每一位乘客都因飛機失事身亡了……
你在做什麼？快點，繼續報導！

失去、噢，失去父母，孩子們會……
喔！我的天！
你到底在做什麼？難道，你不曉得一個主播不能流露私人情緒嗎？
對不起，這事件太悲傷了。我一時不能控制……
如果你不能控制自己的情緒，就表示你沒有當主播的資格。
馬上離開，等候通知。
噢，不！
我們要怎麼處理歐普拉？
她不適合擔任主播。所以，看看能不能讓她當採訪記者。
是，先生。

歐普拉生性真誠、坦率，心情也容易受到環境影響，使得自己常被情緒淹沒。即使身為採訪記者，歐普拉在播報新聞時突如其來的情緒反應，也讓她的工作夥伴感到非常困擾。
記者在火災現場爲您報導。
啊！現在，一個小男孩躺在擔架上被抬出來了。
男、男孩雖然獲救，但他已經死了。
東尼！嗚！
嗚！我們失去了兒子，可憐的東尼。嗚……
沒關係，你不一定要接受我的採訪。
記者要負責把新聞挖出來，她怎麼可以跟民眾說，不一定要接受採訪呢？

簡直糟透了，我看不下去了！
沒有寬限的理由了，開除她！
可是，她的合約還有兩年。
唉，這簡直是大災難！我們怎麼會僱用像她這樣的人啊？
再找找看吧，看看有沒有更適合歐普拉的工作。
我千辛萬苦來到這裡，現在還能要求什麼呢？
接下來我要做什麼？
遲早會派新工作給你。
不要管你接下來要做什麼，先去幫你那一頭亂髮換個造型吧！
喔，好。

如果是我，我還要她改一下寬鼻子和闊下巴。
這麼一來，我們就要花大錢了。哈、哈、哈哈！
由於歐普拉在採訪播報時不斷出狀況，電視台高階主管們開始公開取笑她的外貌。
當時，年紀輕輕、才二十多歲的歐普拉再度陷入黑暗、絕望的日子。
或許我不適合這行業……不適合當主播，不適合當記者。這完全是個錯誤。
天大的錯誤！肯定是！嗚！
唰

鈴鈴鈴
!!
歐普拉小姐，你好久沒來上班了。如果明天你再不來上班，我們的合約就終止了。
順便提醒你，先去換個髮型再來上班。
好！就聽他們的，反正我也沒有什麼好損失的了。
太燙了！
再忍耐一下，快好了。

啊！
怎麼搞的？我的頭髮全燙焦了！
呼！我也沒辦法，你的頭髮太厚，又沒辦法吸收燙髮劑，不是嗎？
什麼？你說什麼？
播報新聞就這麼了不起嗎？就要這麼蹧蹋人嗎？我永遠不會忘記這件事！
噢！歐普拉，你的頭髮怎麼了？
我是製作助理蓋兒·金。

很高興認識你。我想，我得戴假髮或者什麼吧。謝謝你的關心。
唉！想到要冒著這種大風雪回家，就覺得好淒涼喔！
我一個人住在電視台附近，今晚你要不要住我家？
可以嗎？
當然沒問題。這種天氣也讓我情緒低落，我們一邊吃東西，一邊聊天好嗎？
就這樣，歐普拉認識了電視台的同事的蓋兒·金。
哇，這真的是你？
沒錯！

雖然現在我看起來這個樣子，可是當年，我曾經是選美皇后呢。
看你頂著爆炸頭說話的樣子，快把我笑死了。哈、哈哈！
外表那麼重要嗎？
想當主播，能力、優點、心智和態度，這些應該更重要吧？
對，我同意。
我也這麼認爲，以貌取人根本就是錯的。
我發誓，我絕對不向那些人低頭。
如果同樣的事再發生，我不知道還能不能再忍氣吞聲？
要堅強，歐普拉！

我好久沒有聊得這麼痛快了，讓我心情好多了！
我也是。和你聊完，讓我覺得好振奮！
不久，她們成為最好的朋友。之後，每當歐普拉覺得心慌茫然，只要和蓋兒碰面，她就會得到穩定的力量，讓心情恢復平靜。
這段期間，又有一個新的機會找上播報不順利的歐普拉。
恭喜您當上電視台台長，恭喜！
謝謝。
既然被任命爲台長，我打算執行一些新方案。
什麼方案？
製作一個談話性的脫口秀節目，打敗友台收視率最高的菲爾·唐納修脫口秀。
脫口秀？

做脫口秀節目，主持人是最重要的部分。我要找一個感情豐富，口才又好的人來主持。
歐普拉·溫芙瑞？
感情豐富，口才又好，那就是歐普拉·溫芙瑞嘛！
對！就是她。
的確。歐普拉不適合當主播或記者，但她的談話技巧很棒、口才一流，現在被列在觀察名單上。
那就派她主持這個新的脫口秀。
你要我主持脫口秀？
這機會非常難得，你不要再搞砸了。
而且，台長對這個節目的期許很高。
遵命！
我能勝任嗎？之前的每一個任務，我都失敗了。不知道爲什麼，我有點擔心。

經過初期的摸索之後，主持脫口秀節目讓歐普拉找回了自己。這個節目叫做「人們在說話」，她和另一個男主持人理查．希爾搭檔。
事情很快有了驚人的轉變。歐普拉的直率和感情豐沛的特質，原本是她播報新聞時的一大問題。但是在主持脫口秀節目時，歐普拉的特質就變成了優點。和播報新聞比起來，歐普拉主持脫口秀節目的表現非常好，讓人驚嘆！
希望你們的計畫進行順利。謝謝你們參加今天的節目。
謝謝！
接下來，我們邀請一位極受歡迎的來賓。是誰呢？你們猜猜看。
我們邀請一位很年輕的發明家來到現場。他不斷挑戰自己、發明新東西，完成自己的夢想。
我們以熱烈的掌聲歡迎他！
啪
啪
啪

這一次，歐普拉表現得相當好，是吧？
我也發現了。
歐普拉小姐，你主持得很棒！
謝謝！
謝天謝地，這就對了。我終於找到理想的工作了，我天生就該做這個。這件事對我來說，就像呼吸一樣自然。
不要再徬徨了，歐普拉！我聽見生命的呼喚。我要向前衝，勇往直前！

「人們在說話」的收視率持續攀升，觀眾漸漸發現歐普拉真正的才能。
台長，這節目的聲勢像沖天炮，一飛沖天。
明白了吧？這就是爲什麼對一個電視人來說，要具備能觀察趨勢、創造潮流的眼光！
歐普拉主持得很棒，表現也非常自然。我們一定要全力支持她！
是。
歐普拉投注了許多時間和心力，她為了節目研究各種資料。結果，讓人難以置信的事情發生了！
日漸受到歡迎的「人們在說話」，終於在收視率上打敗了當時最多人收看的「唐納修脫口秀」。
台長，你一定很高興！我們收視率超過「唐納修脫口秀」了！
真的嗎？

你們打敗
「唐納修脫
口秀」！
最後，他終於
求婚了。
呀呼！
？
太令人興奮了，
他終於向你求婚
了，呵呵呵！
這個節目，是歐普拉成為頂尖
脫口秀主持人的跳板。
你太棒了。
歐普拉，
恭喜你！
眞是感謝
大家！

尼爾遜．曼德拉

歐普拉．溫芙瑞深受尼爾遜．曼德拉的影響。歐普拉推崇曼德拉勇敢有膽識，因而將他視為自己最重要的人生導師。歐普拉在南非共和國從事慈善工作時，就是住在曼德拉家中，她也因此更深入了解南非人民所面臨的困境。曼德拉是何許人物？為什麼歐普拉如此敬佩他？

出身是黑人民權運動領袖的曼德拉，後來成為最受眾人尊敬的南非共和國總統。1918年，曼德拉生於蘭特斯凱的一個小村落，父親是部落酋長。當時，南非政府實施種族隔離政策，黑人受到嚴苛的限制和打壓。為了要終止黑人受到的不平等待遇，曼德拉決定去讀大學。在就學期間，由於他身為抗議活動領導人，曼德拉被學校開除。之後，曼德拉成為非洲民族議會（African National Congress，簡稱ANC）主席，他與白人統治者對立，致力於廢除種族主義和隔離政策。曼德拉因主導抗議政治活動而遭到逮捕，以叛國罪被判無期徒刑。在被監禁27年之後，曼得拉才被釋放出獄。隨後，南非共和國舉行了第一次黑人具有投票權的多種族總統大選，曼德拉獲勝，成為南非共和國首位黑人總統。當選總統後，曼德拉致力於族群融合，彌補歷史錯誤，強調寬恕與和解的可貴。經由他的努力，許多無辜罪犯得以獲釋，開始新的生活；也有一些人坦承自己過去所犯的錯，並且懺悔以往的作為。曼德拉的努力和成就，得到全世界一致讚賞。1993年，曼德拉因此獲頒諾貝爾和平獎。

第七章

歐普拉·溫芙瑞 名揚四海

1984年秋季，歐普拉在巴爾的摩主持脫口秀6年後，她決定接受新挑戰，拓展事業視野。
WLS－TV徵求脫口秀主持人，難道是「早安，芝加哥」在徵人？
這是替頂尖電視台工作的大好機會！我要去參加試鏡。
WLS－TV電視台。
你現在感覺如何？
對其他漂亮迷人的佳麗，我只好說對不起囉。
哈、哈、哈哈！
這是我高中參加選美的錄影帶。
這倒是很有趣的經驗。

這是我第一次主持脫口秀節目的錄影帶。雖然我是第一次主持，可是一點也不緊張。我覺得，那好像是爲我量身訂做的節目。
你非常適合主持脫口秀節目。
我很欣賞你的自信，和讓人覺得舒服、自在的主持風格。如果你想爲我們電視台工作，你被錄取了！
真、真的嗎？
怎麼了？你有什麼問題嗎？
喔，沒有啦。我在上一個工作的時候，他們要我改變我的外貌。
可是，我不想再遇到那樣的事情。所以，如果你也有一樣的要求……

放心，那種事永遠不會在這裡發生。我反而比較擔心一件事。
喔！我的體重嗎？好，我答應你，我會減肥。
噢，不是！你看起來非常好。
啊？那麼——
我只是想確定，如果你的節目紅了，你不可以跳槽走人。
你眞的認爲我會成功？
等著瞧吧！你一定會大紅特紅，哈、哈、哈哈！
儘管電視台經理丹尼斯．史旺森對歐普拉極具信心，很多廣播電視專家卻預測：在這種一流的電視台，歐普拉不可能會受到觀衆的喜愛。
以她那種外貌主持脫口秀節目，恐怕很難給人深刻的印象。
像這種黑女人，胖又沒有知名度，她憑哪一點會在芝加哥走紅呢？

然而，這些專家的預測大錯特錯。在短短4週內，歐普拉以不可思議的能力，讓來賓們敞開心胸、暢所欲言，她完全贏得了觀眾的心，節目受到空前的歡迎。
我不相信！怎麼可能才4個星期，收視率就衝到第一？
從來沒有人能在這麼短的時間內，這麼受歡迎！
收視率持續往上攀升。1年後，這個節目更名為「歐普拉．溫芙瑞的脫口秀」。
從現在開始，這個節目要改新名字，叫做「歐普拉．溫芙瑞的脫口秀」。
節目加上了歐普拉．溫芙瑞的名字，盛大開播。
當然！這是你靠勤奮和辛苦工作得到的成果。
這、這是真的嗎？
我的天哪，我從來沒想過，我可以擁有一個和自己同名的電視節目。
恭喜你，歐普拉。
你很棒！
謝謝大家！我不敢相信這是真的！我從來沒想過，自己會有這麼一天！

感謝上帝。
第二年，「歐普拉·溫芙瑞的脫口秀」在全美國播出，成為全國聯播節目。
哇！你們之中有許多人和電視機前的觀眾，寄來很多祝賀卡片。
我從裡面選幾封卡片，讀給大家聽。
歐普拉，我好高興你終於有自己的節目了，恭喜！
感謝你們。我會繼續加油。沒有你們，就沒有歐普拉秀。
嘩！
啪啪
啪啪

成為名人後，歐普拉開始關注公益和慈善工作。她重視教育，積極尋找方法，去幫助那一些來自芝加哥低收入家庭、備受忽視的少女們。
你的生活目標是什麼？
和男朋友開著超炫的跑車，一起遊山玩水。
如果你不努力充實自己，又怎麼能得到男朋友和超炫的跑車呢？
啊？
你以為每天背著一個空背包上學，將來就有能力做大事嗎？
如果在你們之中，將來有一、兩個人能成功，真是算你們幸運！
不要只關心眼前的事情。當你花心思打扮的時候，也要好好考慮自己的未來，知道嗎？
喔！

這些書可以給你一些方向。
過去，我也曾經像你一樣在外面遊蕩、迷失，不知道爲何而活。但是，我透過閱讀、看書，才找到我該走的路。
在書裡面，我發現了自己從前未知的新世界。
謝謝你。
雖然她看起來很兇、很嚴厲，可是我能感受到她的眞誠。
歐普拉也邀請一般人上節目，談談觀衆能夠切身體會的問題。歐普拉的脫口秀，成為市井小民反應真實生活的管道。
所以，我就離家了。

你是說，你離家出走？
是啊。
你最好想清楚！
哦？
不要怪你爸媽，或怪環境太糟。如果你無法掌握自己的人生，那不是別人的錯，是你自己的錯。
我、我很抱歉。
我不是要你道歉。我只是關心你，眞心希望你能幸福。
哇！
歐普拉，爲什麼大家都喜歡你的節目呢？

因爲觀眾可能從我的
語言和動作中，感受到
我的眞誠吧？
喔！
1985年冬季，歐普拉已經成為最
受歡迎的脫口秀目主持人了。她意
外獲得一個演電影的機會。
就是她！
我找到她了。這個叫
歐普拉．溫芙瑞的女
主持人，就是蘇菲亞
這個角色的化身。
是的，我是
歐普拉．溫芙瑞。
嗨，我是昆西．瓊斯，
目前我正在幫電影「紫
色姐妹花」配樂。

我看了你主持的脫口秀以後，我想找你演電影。有一個角色非你莫屬。
你想試試看嗎？
什麼？當演員？
我是電影導演史蒂芬·史匹柏，很高興認識你。
認識你是我的榮幸。
不，我才榮幸呢。如果有機會，請你邀我上你的脫口秀節目。
那當然！
我們現在開始試鏡，讓我們看看你的表演。
主人，您誤會了。我會盡力爲您效勞。

請您相信我的肺腑之言，嗚！
太棒了，她演戲也演得很好！。
我眞的沒辦法相信，我竟然要去拍電影了……
冰淇淋
我在做什麼？不行！我必須節制。我要減肥，才能當稱職的女演員。
歐普拉努力減重。
歐普拉，電影工作室打電話給你。
告訴你一個好消息，你得到蘇菲亞這個角色了。
眞的？太不可思議了！
我不敢相信，我竟然變成演員，去演出別人的人生。

事實上，我現在已經努力在減肥了。
你說什麼？你的體重，就是我們選你演蘇菲亞這個角色的原因啊！
喔，眞的嗎？
你的體型壯碩，非常適合劇中角色。
噢，我明白了。
沒問題，我會胖回去。
眞是沒想到，「胖」竟然也能加分。
許多人都去看了歐普拉第一次演出的電影 —— 「紫色姐妹花」。觀眾對她的演技，印象深刻。

蘇菲亞是個大塊頭，
但是我完全不知情，
還努力減肥呢！
哈、哈、哈、哈。
歐普拉……
對於歐普拉的成功，有兩個人感到非常欣慰。他們不是別人，是歐普拉的父親和繼母。
歐普拉，你做得太好了！
感覺好像在做夢啊。誰能想到會有這麼一天呢？
這些都要謝謝你們，細心照顧我、指引我。
我眞的非常感謝你們兩位。

歐普拉在脫口秀節目中，曾經推出一個替來賓尋找親人的單元。歐普拉幫助很多失散的家庭重新團圓，感動了無數的來賓和觀衆。
母親節快到了，工作人員企劃一個單元，打算邀請歐普拉的母親上節目。
請歐普拉的媽媽來上母親節特別節目，這點子怎麼樣？
好主意！
啊，等一等。
怎麼了？有困難嗎？
嗯，沒有，可是……
如果沒有問題，我們就照計畫進行囉。
媽媽來上節目的時候，我能帶著微笑面對她嗎？

想到歐普拉
要我來……
今天，我請了我
的母親上節目。
啪
啪
啪
歡迎你，
媽媽。
歐普拉，
好久不見。
噢，我不知道
該說什麼。
腦中一片空白。

……
怎麼回事？場面很尷尬。
我也注意到了。
今天很謝謝你來。
別客氣。
想到童年時，母親的不負責任與對自己的忽視，歐普拉便無法抹去心中負面的情緒。在節目中，歐普拉和母親既沒有相互擁抱，彼此也沒有親密的交談。
如果我們早知道是這樣，就不應該邀請你母親。
沒關係，我遲早還是要面對這件事。
請大家不要擔心。我們集中精神，準備下一次播出吧。
好。

今天，我們的來賓，是一位童年遭到性侵害的女士。
什麼時候發生的呢？
我還很小的時候，一個我信任的人侵犯我。
對我來說，心理的創傷比身體的傷害更可怕。噩夢般的記憶，彷彿還在眼前。
嗚！
嗯。
我能完全了解你的痛苦。
歐普拉，為什麼你能了解我的痛苦？

像你這麼成功的人，怎麼會了解我有多痛苦？
這，嗯，這是因爲……
因爲我小時候，也遭到性侵害。
喳喳
吱吱
噢，我們該怎麼辦？
繼續錄影！
被性侵之後，我的童年就陷入了絕望和痛苦之中。

我想死，可是沒有勇氣。我也沒有告訴任何人。
歐……歐普拉！
如果當時，我媽媽能關心我，只要一點點關心就好……
喔，不是，假如當初我有勇氣告訴她……

我自己守著祕密、每天苦撐，那段日子比活在地獄還恐怖。
啊！
歐普拉。
歐……歐普拉！嗚！

在許多觀眾面前，歐普拉打開心房，說出最沉痛的祕密。每一位收看節目的觀眾，都為她的勇氣鼓掌。
沒想到歐普拉竟然有這段過去。
童年這麼悲慘，可是她今天卻能這麼成功，真讓人佩服！
你的電話，他們說很緊急。
歐普拉？你弟弟傑弗瑞去世了，嗚！
!!
歐普拉的弟弟傑弗瑞死於愛滋病。
傑弗瑞——

同母異父的弟弟去世後，歐普拉開始思考家庭的意義。她選擇與家人和解。
媽媽，歡迎你。
非常感謝你的邀請。
不，不要謝我。我很抱歉，沒有早一點邀請你。從今以後，我會做更多。
我沒有資格得到你的幫助。
不管喜歡或不喜歡，你是把我生下來的媽媽。我們把過去忘了！
歐普拉！

派翠西亞，這些日子你也辛苦了。
歐普拉！
之後，歐普拉極力幫助受虐兒童。她親赴美國首府華盛頓特區，大力推動，因而讓「全國兒童保護法案」通過了。
歐普拉聲勢如日中天，她捐助大筆金錢，給需要幫助的人。在一年之內，她成立了自己的公司，並且向電視公司買下「歐普拉·溫芙瑞脫口秀」的所有權。
終於，歐普拉的公司正式開幕營運，公司取名為「哈潑製作公司」。歐普拉把自己的名字Oprah倒過來寫，就是「哈潑Harpo」這個名字的由來。
哈潑攝影棚
歐普拉·溫芙瑞脫口秀

歐普拉重新回學校註冊，補足大學的學分。最後，她如願從大學畢業。
你願意在畢業典禮上致辭嗎？
我很樂意。
今天，我能站在這裡，完全要歸功於我的父親。他總是強調教育的重要性，永遠鼓勵我、支持我。
在這個地方，我開始逐步實現我的夢想，一步步努力成爲記者。
各位同學，如果你心中有夢，就放膽去追逐它、實現它！只要你不放棄，不斷努力嘗試，夢想一定成眞。

奉獻公益
關懷助人的心

從電視節目和其他事業獲得相當財富之後，歐普拉開始對身邊的窮人和病患伸出援手。最初，她尋找各種方法，去幫助低收入家庭中被忽視的青少女。1997年，她成立「歐普拉天使網站」，向觀眾和影迷募集捐款，成立獎助學金，提供學費給有需要的大學生。歐普拉也曾捐出一筆一百萬美元捐款（約三千多萬台幣），為一所歷史悠久的黑人大學成立獎學金。

不只如此，歐普拉也幫助其他國家的貧童。她在南非成立名為「歐普拉·溫芙瑞領袖學院」的寄宿學校，提供家境清寒的青少女能有受教育的機會。這所學校在2006年成立，目的在培養南非未來的領袖人物。目前學校運作良好。此外，歐普拉持續在南非進行許多慈善工作。她拜訪孤兒院和鄉間偏遠學校，運送數千箱衣物、玩具給五萬多名兒童。歐普拉也曾經私下邀請124名愛滋病童，為他們舉辦歡樂派對。歐普拉的愛心，鼓舞許多兒童和青少年，讓他們燃起希望、不放棄追求自己的夢想。

人們稱歐普拉為「媒體女王」，但她還有一個暱稱 — 「慈善女王」。歐普拉曾經說過：「夢想帶來分享。分享帶來成長。成長，帶來功成名就。」秉持著這個信念，歐普拉不斷努力付出，以自己的力量，幫助許多人實現夢想。

第八章

挑戰未來 永不停止

歐普拉・溫芙瑞成為第一位名列富比士億萬富豪榜的黑人女性。
歐普拉捐出一百萬美元的款項（約台幣三千多萬元），給歷史悠久的史佩曼大學。這是一所位於喬治亞州亞特蘭大市的黑人女子大學。
她也捐出約一千兩百萬美元獎學金（約台幣四億元），提供給就讀摩浩斯大學的一千多名黑人男學生。
歐普拉設法以各種方法，幫助更多有困難的人。
你捐助大筆金錢，資助學生有機會接受教育，眞了不起！

從各方面看來，你做的事情都讓人驚嘆、佩服不已。
但我還是常常覺得，做得不夠多。
我還要想更多辦法，去幫助更多人。
啊？這是以前我的讀書報告筆記本。
每個星期，你一定要讀一本書。
好。

對了！我可以在節目裡，把好書介紹給觀眾。就這麼辦！
歐普拉決定在脫口秀節目中推薦文學作品。
那是讀書會囉？
是呀。我計畫每個月在節目中介紹一本書。
介紹書以後的下個月，我們可以邀請作者和讀者，在節目中討論這本書。
這點子太棒了！
我選的第一本書是《失蹤時刻》。那是一個因孩子失蹤，讓整個家庭陷入絕望的故事。
的確，這是一本值得歐普拉推薦的好書。
我馬上籌備「歐普拉讀書會」這個新單元。

這個故事好悲傷。是不是因爲你有類似的背景經驗，才讓你描寫這種悲傷的家庭故事？
如果你的心思夠細膩，就會發現我們身邊有許多令人心碎的故事。
問題只在於，你願意付出多少關懷？
歐普拉介紹的書非常吸引人。
可不是嗎？
我的天啊！搶購這本書的人，大排長龍。
「歐普拉讀書會」獲得熱烈迴響。凡是在節目中討論的書，立刻成為暢銷書，全美也掀起一陣閱讀熱潮。
我們也成立讀書會如何？
好啊，馬上就辦。

鈴！鈴！
爸爸！
我聽說，你的讀書會空前成功，恭喜你！
我應該謝謝爸爸才對。
我還記得，你總是強調閱讀有多麼重要。
你以爲，你喜歡看書是因爲被我們要求嗎？才不是，你天生就是個讀書狂啊！

喔，明天不是你的生日嗎？有空的話，回家一趟吧。
我今天要錄影。等錄影一結束，我馬上回家。
生日快樂，歐普拉。
謝謝你，爸爸。
咦？人呢？
啪
啪
啊！

生日快樂，歐普拉！
約翰·屈伏塔？
這是怎麼回事？
我們特地來幫你慶祝生日。
什麼？
別告訴我，你們把這些都錄下來了？
那當然！
你那來自全世界、成千上萬的影迷和觀眾，一起祝你生日快樂。
我的天！
除了你，還有誰值得辦這麼盛大的生日派對？
生日快樂，我是歌手蒂娜·透納。
我是史提夫·汪達。

我是你的競爭對手，脫口秀主持人傑・雷諾。哈、哈、哈、哈！
湯姆・克魯斯和茱莉亞・勞勃茲也來現場了。
生日快樂。
前南非共和國總統曼德拉和大主教德司芒・圖圖也來了。
喔，兩位都是德高望重的大人物，你們眞的千里迢迢來祝賀我生日？
在這個時刻，你是不折不扣的「紫色姐妹花」蘇菲亞！生日快樂，歐普拉！
謝謝你，史匹柏導演。
哈哈哈哈
歐普拉，我們愛你！祝你永遠快樂！
謝謝各位！我一輩子不會忘記這麼別出心裁的生日派對。

只要有人伸出援手、給他們溫暖，生活再困難的人也能好好活下去。
我能走到今天，也得到許多人的幫助。
您爲什麼不待在裡面，好好享受派對？
我有心事，心情很沉重。
我想起那些處在惡劣環境中的南非年輕人，他們沒辦法追尋自己的夢想。我只要一想到這件事，就非常心痛。
如果他們能像你一樣，實現自己的夢想，該有多好……
噢！

我想，我的要求是不是太多了呢？
也有許多孩子因爲貧窮或疾病，浪費了青春，無法去追求自己的夢想。
天啊！
你認爲，他們還有希望嗎？
當然！您的這一番話，讓我明白如何活得更有意義。
歐普拉決定在南非成立一所寄宿學校。這所學校是針對南非青少女而設立，叫做「歐普拉．溫芙瑞領袖學院」。
2002年12月6日，在南非前總統曼德拉的陪同下，歐普拉主持學院的破土儀式。
未來，大約有450名七年級到十二年級的女孩，在這所寄宿學校就讀。

在大家的衷心祝福下，破土典禮開始！
哇！
教育可以移山、造橋，是改變世界的方法。
我相信，教育能創造更多的機會，教育是通往未來的路。
靠著上帝的恩典，這些女孩未來會貢獻所學，引導南非和全世界邁向和平。
我希望，這所學校成爲這些年輕女孩的希望之光。
我們的國家和人民，永遠不會忘記你的幫助。

那年冬天，歐普拉前往南非各地的孤兒院和鄉村地區的偏遠學校。她運送了數千箱衣物和玩具，送給超過五萬名當地兒童。
永遠不要放棄夢想，長大以後做一個堅強、有毅力的人。
我們會的。謝謝你，歐普拉！
2003年，歐普拉再度來到南非，她為124名愛滋病童特別舉辦一個派對。
她怎麼敢親那些小孩？
他們雖然是小孩，但是得了愛滋病，你不怕嗎？
你們不了解愛滋病。一般的接觸，不會讓人感染愛滋病。
看看這些孩子。只要一點點關愛和支持，就讓他們這麼開朗、這麼快樂。

今天是我這輩子最棒的一天。
眞的嗎？
從現在開始，每一天都會是你人生中最棒的一天。
我答應你，只要你自己不放棄，你的未來一定會比今天更棒。
但是，你知道自己要先努力，對嗎？
我知道。
你想玩舉高高、騎馬背嗎？
我要！我要！
1998年，歐普拉・溫芙瑞榮獲美國國家電視藝術科學學院頒發的終身成就獎，這是代表電視廣播界最高榮譽的獎項之一。

歐普拉永不停止的付出，幫助許多婦女和兒童展現自己的能力，讓他們盡其所能實現自己的夢想。
雖然，歐普拉的母親未婚生下她，又曾因雙親遺棄，讓她在貧苦、艱辛的環境下成長，但是歐普拉不只克服窮困與厄運，更努力培養自己的能力，成為影響全球的「媒體女王」。
此外，歐普拉不斷向世界各地的孩童伸出援手，幫助那些像她小時候一樣悲苦、弱勢的孩子。歐普拉的溫暖愛心，在全世界人們的心中留下深刻的印象。她就像希望之光，照亮了黑暗的角落。

附錄

歐普拉·溫芙瑞大事紀

1954　1月29日誕生於密西西比的小鎮科休斯科，歐普拉的母親維尼塔·李未婚生下她。

1960　前往密爾瓦基，與母親維尼塔同住。

1968　前往田納西州的納許維爾，與父親維儂·溫芙瑞和繼母芮爾瑪同住，並接受他們的監護和照顧。

1970　代表WVOL電台參加「防火小姐選美」比賽並獲得冠軍，成為第一位得到這項比賽后冠的黑人女孩。

1971　開始在WVOL電台播報新聞。

高中畢業後，獲得獎學金進入田納西州立大學。

1973　被電視台錄用，成為新聞主播。

1976　因工作而在大學畢業前夕休學。

前往巴爾的摩，在WJZ－TV電視台擔任新聞主播。

1978　初次與人搭檔，主持脫口秀節目 「人們在說話」。

1984　主持芝加哥WLS－TV電視台的脫口秀目「早安，芝加哥」，大受歡迎。

1985　「早安，芝加哥」更名為「歐普拉·溫芙瑞的脫口秀」。

在史蒂芬·史匹柏導演的電影「紫色姐妹花」中飾演蘇菲亞。

1986 創立自己的公司，取名為「哈潑製作公司」。

「歐普拉．溫芙瑞的脫口秀」於全美聯播。

於田納西州立大學完成學業，取得演說和戲劇學位。

1989 同母異父的弟弟傑弗瑞．李死於愛滋病。

1996 「歐普拉讀書會」成為「歐普拉．溫芙瑞的脫口秀」節目中的一個單元。

2000 《O雜誌》創刊。

2003 獲得「瑪麗安．安德森獎」，並成為美國第一位黑人億萬富豪。

2004 榮獲「聯合國全球領袖獎」。

2005 被《時代雜誌》選為「全球100位最有影響力人物」之一。

2006 在南非共和國成立「歐普拉．溫芙瑞領袖學院」。

2007 連續兩年在回饋基金會選出的「名流慈善榜」中名列第一，是No.1超級捐款大戶。

給孩子一個真實典範

洪蘭教授認為，多閱讀、建立心中的典範，有助於孩子掌握人生的方向。

《改變世界的典範人物》漫畫系列，涵蓋【政治．領袖】、【科學．發明】、【經濟．經營】、【人權．環保】及【人文．藝術】五大領域，以足堪兒童學習的全球典範人物為主角，讓孩子透過生動的漫畫圖文，擁有值得效法的榜樣，從書中發現自己的夢想！

《改變世界的典範人物》第一輯

政治．領袖

勇於夢想的男孩
歐巴馬的成長故事

經濟．經營

改變世界的電腦天才
比爾蓋茲的成長故事

充滿好奇與熱情
達爾文的成長故事

科學．發明

政治．領袖

捍衛自由的勇士
林肯的成長故事

政治．領袖

胸懷大志
站上世界舞台的女孩
希拉蕊．柯林頓的成長故事

《改變世界的典範人物》漫畫系列

為什麼孩子非看不可？

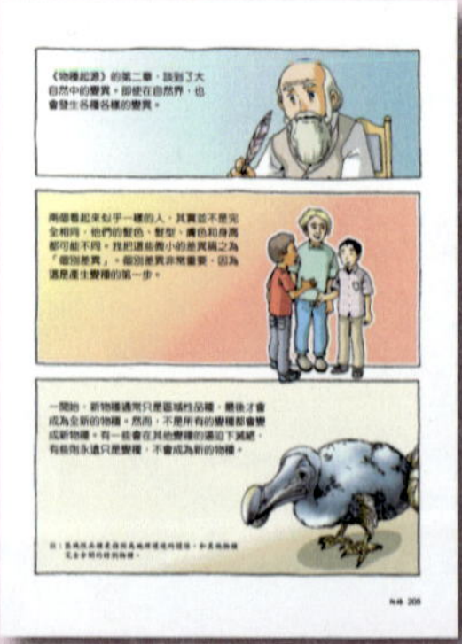

《達爾文的成長故事》在附錄中將《物種起源》做了簡明摘要，讓小朋友對這個重要的科學理論能有全面的認識。

• 增長見識和視野

在每一章節最後都有一篇文章，提供更多相關知識。例如：從《歐巴馬的成長故事》中，一窺近代黑人如何爭取民權；在《比爾蓋茲的成長故事》，看到近代電腦發展的完整歷程；透過《林肯的成長故事》，了解美國南北戰爭和解放黑奴的歷史。

歐巴馬讀高中時，因為膚色被同學歧視，但他勇敢面對，走出自己的路。

• 培養解決問題的能力

歐巴馬和希拉蕊小時候都被其他孩子欺負，他們如何解決這個現在孩子也經常面臨的難題？從小功課不好的達爾文，又如何成為全世界了不起的科學家？……他們的親身經歷，就是訓練孩子學習解決問題的最佳範例。

• 學習典範人物的好品格

孩子不但從故事中體會每一位主角奮發向上、為追求夢想而努力的精神，還能在潛移默化中，學習他們的好品格。

歐巴馬的成長故事 → 自信　關懷　勇氣

比爾蓋茲的成長故事 → 樂觀　自信　毅力　付出　關懷　愛心

達爾文的成長故事 → 自信　毅力

林肯的成長故事 → 樂觀　道德　誠實　正義　毅力　關懷　愛心　尊重

希拉蕊．柯林頓的成長故事 → 自信　正義　毅力　關懷　愛心　勇氣

史蒂芬．霍金的成長故事 → 樂觀　自信　毅力　合作　感恩

歐普拉．溫芙瑞的成長故事 → 樂觀　自信　誠實　付出　關懷　愛心　勇氣